Guía Para Generar Ingresos Pasivos Versión Marketing de Afiliados

Cree Ingresos Pasivos Con El Comercio Electrónico Usando Shopify, Amazon FBA, Marketing De Afiliación, Arbitraje Minorista, Ebay Y Redes Sociales

Por

Income Mastery

atención o de otro tipo, por el uso o abuso de cualquier política, proceso o dirección contenida en este documento es responsabilidad solitaria y absoluta del lector receptor. Bajo ninguna circunstancia se tendrá responsabilidad legal o culpa alguna contra el editor por cualquier reparación, daño o pérdida monetaria debido a la información aquí contenida, ya sea directa o indirectamente.

Los autores respectivos son dueños de todos los derechos de autor que no posee el editor.

La información aquí contenida se ofrece únicamente con fines informativos, y es universal como tal. La presentación de la información es sin contrato ni ningún tipo de garantía.

Las marcas comerciales que se utilizan no tienen ningún consentimiento, y la publicación de la marca comercial no tiene permiso ni respaldo del propietario de la marca comercial. Todas las marcas comerciales y marcas de este libro son solo para fines de aclaración y son propiedad de los propios propietarios, no están afiliados a este documento.

Table of Contents

Introducción

Hay muchas maneras diferentes de ganar dinero en línea, ¡pero el marketing de afiliación es una de las formas más antiguas y probadas en el tiempo! Mediante la creación de sitios web de alta calidad que tienen buen contenido, puede referir a cientos de personas a productos y cobrar una considerable comisión por cada producto vendido. ¡Lo mejor de todo es que no tiene que tener un solo producto! En cambio, simplemente te unes a un programa de afiliados, publicas enlaces y esperas a que los visitantes de tu sitio web hagan clic en ellos, ¡obteniendo ganancias cada vez que alguien hace una compra!

El marketing de afiliación es fácil de aprender, pero difícil de dominar. Este libro lo ayudará a conocer todos los entresijos del marketing de afiliación, y le enseñará todo lo que necesita para tener éxito en este negocio en línea. Si tiene un espíritu emprendedor y desea involucrarse en un negocio en línea que tiene un potencial de ingresos casi ilimitado, ¡entonces el marketing de afiliación es para ti!

Capítulo 1: ¿Qué es el Marketing de Afiliación?

El marketing de afiliación es una de las formas más antiguas de marketing en línea, y si lo haces bien, puede ser bastante lucrativo. Entonces, ¿qué es el marketing de afiliación? En pocas palabras, es el proceso de derivar clientes potenciales a otro negocio y luego cobrar una comisión basada en el tráfico o las ventas generadas por su referencia.

El marketing tiende a ser uno de los mayores desafíos para cualquier negocio, ya sea en línea o sin conexión. Al ofrecer un programa de afiliación, una empresa confía esencialmente en el afiliado para que realice la mayor parte del trabajo de marketing, a cambio de una recompensa financiera. Es útil para ambas partes, ya que el negocio no necesita desembolsar dinero para marketing por adelantado y el vendedor afiliado puede ganar dinero con todos sus esfuerzos.

En este capítulo, exploraremos tanto la historia del marketing de afiliación como el funcionamiento del modelo de negocio.

La Historia del Marketing de Afiliación

La idea de pagar por referencias no es exclusiva de Internet. Ha existido en el mundo de los negocios durante cientos de años. Sin embargo, el concepto de marketing de afiliación en línea es casi tan antiguo como el propio Internet. Patentado por primera vez en 1989 por William J. Tobin, propietario de la empresa PC Flowers and Gifts, el marketing de afiliación permitió que los esfuerzos de comercio electrónico crecieran exponencialmente. Con PC Flowers and Gifts ofreciendo recompensas a los vendedores que recomendaron a las personas sus productos y servicios, ¡pudieron ganar más de $ 6 millones al año!

Otras empresas mirarían este modelo y encontrarían rápidamente sus propias formas de incorporarlo. Amazon creó un programa de asociados en 1996, pagando comisiones cada vez que un cliente visita un enlace de referencia comprado en su sitio web. Teniendo en cuenta el tamaño de las ofertas de Amazon, esto permite a los vendedores afiliados aumentar la diversidad de lo que anunciaban en sus sitios web.

Como práctica, el marketing de afiliación creció rápidamente con los años. Los emprendedores inteligentes que buscaban ganar dinero en línea se dieron cuenta de que las posibilidades de crecimiento de los ingresos eran casi infinitas. Trabajaron para innovar sus sitios web, creando formas más atractivas para atraer clientes potenciales. Se centraron en crear buen contenido y reseñas de productos, como una forma de generar orgánicamente más tráfico. Los que tuvieron éxito ganaron bastante dinero. En 2006, se estimó que se habían pagado más de $ 6 mil millones en comisiones a afiliados.

Si bien la mayoría de Internet ha cambiado y las nuevas modas suben y bajan rápidamente, el marketing de afiliación no se ha ido a ningún lado. Incluso hoy en día, el marketing de afiliación sigue siendo una de las formas más populares de administrar un negocio en línea, y con cada vez más empresas involucradas, ¡el potencial para recibir pagos es más alto que nunca!

El Modelo de Negocio del Marketing de Afiliación

El actual modelo de negocio del marketing de afiliación es simple. Una empresa, denominada anunciante, ofrece un tipo de recompensa por el tráfico o las ventas de un producto. Estas recompensas pueden variar desde el pago por clic, en el que el anunciante paga cada vez que alguien hace clic en un enlace, el reparto de ingresos, donde paga un porcentaje de la venta realizada, o el costo por milla, donde paga por cada 1000 personas que han visto su enlace de afiliado.

El afiliado aloja estos enlaces en su sitio web, ya sea como anuncios publicitarios u orgánicamente dentro de los artículos que han escrito. Los sistemas de seguimiento permiten a los anunciantes saber de dónde provienen los clics en los enlaces, por lo que si un cliente hace clic en el enlace de un afiliado, el anunciante tiene acceso a esa información. Es crucial porque si un cliente hace clic en un enlace y luego realiza una venta, el afiliado se acredita con esa venta y, por lo tanto, gana la comisión.

Al final del día, a un afiliado le conviene crear métodos para atraer a las personas a su sitio web, de modo que puedan generar más tráfico hacia sus enlaces de afiliado. Un porcentaje de ese tráfico comprará, también conocido como convertir, y en el proceso, hará que el afiliado gane más dinero.

No se deje engañar por la simplicidad del modelo de marketing de afiliación. Si bien en realidad es solo un proceso de tres pasos (crear un enlace, ofrecer el enlace, esperar a que el cliente haga clic y compre), enfrentará una serie de desafíos. Comenzar como un vendedor afiliado es fácil; Sin embargo, ganar dinero es la parte difícil.

Los Roles

En el marketing de afiliación, hay tres partes involucradas en todo momento. El editor, el anunciante y el cliente. Echemos un vistazo a cada perfil más en profundidad.

El Anunciante

El anunciante es el que ofrece la recompensa al afiliado. Hay muchos tipos diferentes de anunciantes con los que se encontrará en el mundo del marketing de afiliación. Algunos anunciantes ejecutan sus operaciones de afiliación, mientras que otros pueden optar por trabajar con una red de afiliados, proporcionando recompensas a un gran grupo de afiliados a la vez. Algunos anunciantes son tan grandes que crearon su tipo de red de afiliados y otros son tan pequeños que solo trabajan con individuos muy específicos.

Si bien la naturaleza de un anunciante puede variar, sus objetivos son los mismos: quieren que las personas visiten sus sitios web y compren sus productos. Encontrar un anunciante no es muy difícil y, en el cuarto capítulo, revisaremos los diferentes programas que ofrecen varios anunciantes.

El Cliente

El rol del cliente es simple; todo lo que necesitan hacer es visitar su sitio web, hacer clic en los enlaces de sus afiliados y comprar los productos que encuentren. Sin embargo, la dificultad radica en lograr que se conviertan. Es importante recordar que solo una pequeña porción de su tráfico será el que realmente haga las compras o haga clic en los enlaces. Aprender a persuadirlos para que se interesen en la compra final es una de las tareas más importantes que debe aprender un vendedor afiliado.

El Editor

Un afiliado es el editor. Publican contenido para productos específicos, con la esperanza de obtener un clic en el enlace. Significa que si desea ser un afiliado, tendrá que aprender a pensar como un vendedor de sitios web. No puede simplemente crear un sitio web simple y lanzar algunos enlaces, esperando lo mejor. En su lugar, deberá desarrollar una estrategia de contenido que ayudará a atraer tráfico dirigido que haga clic en los enlaces que tiene para ofrecer.

El trabajo principal de un editor es dirigir el tráfico a su sitio web. El tráfico debe ser de alta calidad, lleno del grupo demográfico objetivo que desearía comprar los productos que anuncia en sus pancartas. No importa qué tan grande sea la audiencia que tenga, si están fuera de su grupo demográfico objetivo, no verá las conversiones.

Prueba

1. El nombre de la empresa que realmente vende el producto se llama:

    a. Editor

    b. Anunciante

    c. Vendedor

    d. Detallista

2. El marketing de afiliación tiene un costo inicial enorme

    a. Verdadero

    b. Falso

3. ¿Cuál es el papel del editor en el marketing de afiliación?

    a. Comprar el producto

    b. Crear enlaces a prodcutos con la esperanza de ver una venta

    c. Comprar un producto y luego revenderlo en su sitio web

4. Un editor recauda una commission cuando

a. El cliente participa en una acción específica (comprar o hacer clic en un enlace)

b. El cliente visita el sitio web del editor

c. El cliente comparte el contenido del editor.

Capítulo 2: ¿Qué es el Marketing de Afiliación de Ticket Bajo y Ticket Alto?

A veces puede escuchar a alguien referirse a un artículo costoso como un artículo de alto precio. En marketing de afiliación, el ticket alto se refiere a productos que se venden por altas comisiones. El ticket bajo se aplica a comisiones más pequeñas.

Cuando se trata de marketing de afiliación, usted es quien controla el tipo de productos y anunciantes con los que trabaja. Puede elegir entre ofrecer artículos de bajo costo, enfocándose en el volumen pero cobrando comisiones más pequeñas, o puede elegir enfocarse en artículos de alto costo, que se venderán menos, pero obtendrá una comisión significativamente mayor cada vez.

Revisemos los pros y los contras de ambos tipos de estructuras de comisiones

Marketing de Afiliados de Ticket Bajo

Ticket bajo significa que el precio de los productos es tan bajo que las comisiones serán pequeñas o que el anunciante no ofrece un gran porcentaje de comisión. De cualquier manera, el pago por cada conversión será relativamente pequeño.

Las ventajas de la comercialización de tickets bajos se encuentran dentro del volumen. Si puede generar una gran cantidad de tráfico en su sitio web mensualmente, es posible que tenga más éxito ofreciendo artículos de bajo costo. El menor precio de estos artículos de bajo costo significa que más personas se convertirán. Entonces, si está vendiendo un producto por $ 5.00 en su sitio web y tiene una conversión de 1,000 personas por mes, estaría vendiendo $ 5,000 por mes. Si tiene una estructura de comisión decente, podría estar tomando entre el 40 por ciento de esos 5,000, lo que podría dejarle en última instancia con 2,000 al mes. Por supuesto, esto supone que tiene una estructura de comisión generosa.

Las desventajas se encuentran dentro de su tasa de comisión. Si está cobrando una comisión baja, combinada con bajos costos de producto, es posible que solo obtenga una pequeña fracción de lo que son las ganancias generales. Si ese es el caso, es posible que se vea obligado a trabajar más tiempo y más duro para aumentar su tráfico web, lo que puede afectar su resultado final.

Marketing de Afiliados de Ticket Alto

El ticket alto puede ser una comisión inusualmente alta o un producto que se vende por bastante dinero. Los pagos de productos de alto precio son mucho más altos que los de bajo precio, pero conllevan su propio conjunto de desafíos.

El mayor desafío con el marketing de afiliación de ticket alto es el hecho de que no verá un alto número de conversiones. Los puntos de precio más altos siempre harán que los consumidores duden, y si el precio es alto, es posible que solo vea una o dos ventas de ese producto dentro de un mes. Sin embargo, la buena noticia es que, incluso si puede vender un puñado de estos artículos de alto precio al mes, seguirá bien sentado, habiendo ganado una gran comisión.

Para vender artículos con un alto precio, deberá centrarse menos en generar volumen de tráfico y, en cambio, centrarse en un tipo particular de cliente. Una vez que pueda crear perfiles de estos clientes y atraerlos a través de marketing dirigido, aumentará sus posibilidades de obtener estas conversiones.

Por lo tanto, para contrastar los dos, el marketing de afiliación de ticket bajo se enfoca más en el volumen cuantas más personas pueda obtener en su sitio, mejor. Cuantos más productos pueda vender, más ganará. Puede estar tomando menos comisión por estas ventas, pero el volumen lo compensa. Por otro lado, tiene un marketing de afiliación de ticket alto, que se centra más en la calidad del tráfico. Al apuntar a un grupo demográfico más pequeño que tiene una mayor probabilidad de conversión, una sola venta puede superar un mes de ventas de ticket bajo. Sin embargo, la dificultad de obtener esa venta única es relativamente alta y requerirá una copia persuasiva y métodos de marketing bien combinados.

Entonces, ¿qué tipo es el adecuado para usted? Bueno, esa es la mejor parte del marketing de afiliación, eres libre de experimentar y probar lo que quieras. Algunos editores pueden encontrar que se destacan en la venta de un gran volumen de productos, mientras que otros pueden sentirse más en casa centrándose en clientes potenciales de alta calidad.

Independientemente del tipo de artículos de ticket que esté vendiendo, es importante recordar que solo recibirá lo que haya invertido. El marketing de afiliación es fácil de aprender, difícil de dominar. La capacidad de crear un sitio web funcional que generará ventas para usted requiere tiempo, energía y paciencia. Algunas personas pueden mirar artículos de ticket alto, ver la cantidad de ingresos que pueden obtener y pensar que el marketing de afiliación es un esquema rápido para hacerse rico. Eso no podría estar más lejos de la verdad. No obtendrá riqueza rápidamente con el marketing de afiliación, independientemente de cuán grande sea el ticket que esté ofreciendo. En cambio, siguiendo los principios de buenas prácticas de marketing de afiliación, encontrará que con el tiempo, sus ingresos aumentarán mes tras mes. Es posible que necesite una venta única para ganar una gran cantidad de dinero, pero la dificultad radica en hacer que al menos una persona haga clic en el botón comprar. Pasemos al siguiente capítulo y aprendamos qué es necesario para comenzar con el marketing de afiliación.

Prueba

1. ¿Qué es el marketing de afiliación de ticket alto?
    a. Venta de Productos caros
    b. Recolectar altas comisiones
    c. Tanto A como B
    d. Generar una gran cantidad de tráfico
2. Los clientes son más reacios a realizar compras de alto costo.
    a. Verdadero
    b. Falso
3. No puedes ganar dinero vendiendo artículos de ticket bajo
    a. Verdadero
    b. Falso

Capítulo 3: ¿Qué Necesita para el Marketing de Afiliación?

Lo primero que necesita para comenzar con el marketing de afiliación es una actitud profesional. Muchas veces es fácil ver los métodos en línea para ganar dinero de manera rápida y fácil. Puede haber una impaciencia, un deseo de ver resultados de inmediato y cuando no hay evidencia de que el dinero rápido llegue, el proyecto será abandonado.

Si desea tener éxito como vendedor afiliado, debe tratar este esfuerzo como si estuviera comenzando su propio negocio. El potencial de ingresos es bastante alto, y existe la posibilidad de convertir esto en un negocio a tiempo completo. Por lo tanto, en el futuro, querrá tratar el marketing de afiliación tan en serio como lo haría con cualquier otro tipo de trabajo. Esa es la única forma en que encontrará un verdadero éxito financiero en el futuro. Si lo tratara casualmente, solo haciendo un esfuerzo mínimo, solo recibiría resultados mínimos. Lo que invierta en términos de tiempo y esfuerzo pagará dividendos. Con eso en mente, veamos cada componente que necesitará para convertirse en un vendedor afiliado.

Un Sitio Web

La parte esencial del marketing de afiliación es el sitio web. El sitio web será el centro, la ubicación central de todo el contenido que aloje. El objetivo final es generar el mayor tráfico posible a su sitio web para que los clientes puedan hacer clic en los enlaces de afiliados y obtener dinero.

Crear un sitio web hoy en día es relativamente fácil de hacer, gracias a los sistemas de administración de contenido como WordPress, que ofrecen todo lo que necesita para crear un sitio web. Querrá usar WordPress, ya que puede agregar todo tipo de complementos valiosos que lo ayudarán en cosas como el seguimiento, el monitoreo del tráfico y la creación de anuncios publicitarios.

Un Nicho Rentable

Internet es un lugar inmenso y hay mucho contenido por ahí. Dado que cualquiera puede crear un sitio web destinado a vender productos afiliados, existe bastante competencia. Un nicho es un interés que es hiperespecífico para un grupo más pequeño de personas en línea. Un nicho adecuado es aquel que el mercado no tiene en cuenta, lo que significa que no hay tantas personas que atiendan las necesidades de ese mercado. Abre un espacio para que un emprendedor ingrese y venda sus productos a personas que están buscando activamente soluciones a sus problemas únicos. Cubriremos cómo encontrar un nicho en un capítulo posterior.

Una Fuente Orgánica de Tráfico

Debe haber algo que le traiga tráfico a su sitio web. La fuente más importante de tráfico orgánico es el contenido. Las personas acuden a sitios web que ofrecen contenido excelente e interesante para que consuman. Hay muchos tipos diferentes de contenido que ofrecen los sitios web, pero todos ofrecen valor al consumidor. Sin una sustancia que sea interesante y relevante, no hay razón para que un consumidor visite un sitio web. Un contenido excelente e interesante, por otro lado, ayudará a generar mucho tráfico orgánico gratuito durante los meses.

Una Membresía a un Programa de Marketing de Afiliación

Cuando comiences por primera vez, necesitarás ser miembro de un programa de marketing de afiliación. Hay muchas formas diferentes de unirse a un programa. Algunos anunciantes ofrecen programas directos, donde aloja enlaces, mientras que otros requieren un proceso de solicitud, compartiendo detalles sobre su sitio web antes de que pueda usar su programa de afiliados.

¿Qué tan Difícil es el Proceso de Solicitud?

En general, la aplicación no es difícil. Los anunciantes quieren tener tantos editores como puedan porque cada editor les proporciona resultados de marketing. Sin embargo, también tienden a ser un poco exigentes cuando se trata de elegir con quién trabajan. Algunos programas pueden querer ver estadísticas, incluido el tráfico de la página y los números de visitas mensuales. Otros pueden querer saber qué temas cubre su sitio web y pueden negarse a trabajar con usted porque su nicho no coincide con lo que están vendiendo. No se preocupe demasiado por ser rechazado de un programa de marketing de afiliación, porque hay muchos otros para elegir.

Mi solicitud ha sido aprobada, ¿y ahora qué?

Una vez que su solicitud haya sido aprobada con éxito, ahora puede comenzar a integrar enlaces de productos y pancartas en su sitio web. La mayoría de los afiliados le brindan las conexiones e instrucciones necesarias para que pueda aprovechar al máximo su tiempo trabajando para ellos.

Tenga en cuenta que algunos programas de afiliados querrán ver resultados dentro de un período de tiempo. Por ejemplo, Amazon Affiliates es generoso con la mayoría de los solicitantes, pero querrá ver las ganancias dentro de los 90 días. Si no está generando suficientes ventas, lo cerrarán y le solicitarán que vuelva a presentar una solicitud, para asegurarse de que sus enlaces de afiliados no se descuiden.

Prueba

1. Un sitio web no es necesario para un marketing de afiliación exitoso

   a. Verdadero

   b. Falso

2. Los programas de afiliados a menudo buscan

   a. Tráfico web

   b. Resultados de Ventas

   c. Credibilidad

   d. Todas las Anteriores

3. ¿Qué es lo más necesario para tener éxito en el marketing de afiliación?

   a. Una actitud profesional

   b. Un buen sitio web

   c. Tráfico

   d. Todas las Anteriores

Capítulo 4: ¿Cuáles son los Principales Programas de Marketing de Afiliación?

Dado que el marketing de afiliación es uno de los tipos más populares de marketing en línea, no hay escasez de programas para elegir. Hemos compilado una lista de los principales programas de afiliación y brindaremos descripciones breves de cada uno.

Amazon Associates:

Amazon Associates es uno de los programas de marketing de afiliados más efectivos por una variedad de razones. Lo más importante es que Amazon es la compañía en línea más grande del planeta. La gente usa Amazon para casi todo. Si alguien hiciera clic en un enlace afiliado de Amazon, cualquier cosa que compre a través de ese enlace le proporciona una comisión. Significa que una persona puede hacer clic en un enlace de Amazon, darse cuenta de que quiere comprar otra cosa y realizar la compra en ese mismo momento. Todavía recibirá la comisión si ese es el caso.

La desventaja de trabajar con Amazon Associates es que las comisiones son relativamente pequeñas en comparación con otros programas. Al ofrecer comisiones que oscilan entre 4 y 10 por ciento, Amazon Associates no generará una gran cantidad de ganancias para usted en cada venta. Sin embargo, el hecho de que sean fáciles de usar proporciona una amplia gama de productos, y la mayoría de los consumidores confían en que usarlos puede ser extremadamente útil si está comenzando en el mundo del marketing de afiliación.

CJ.com

CJ Affiliate, abreviatura de Commission Junction, es un programa de afiliados que trabaja con miles de anunciantes, trabajando para conectarlos con los editores. Con una gran cantidad de anunciantes para elegir y una gran infraestructura, CJ es un excelente programa de afiliación para trabajar. El único inconveniente es que deberá presentar una solicitud para trabajar con cada anunciante que encuentre, lo que requiere más tiempo y energía. Esto también significa que no tendrá la garantía de encontrar un anunciante para publicar. Sin embargo, CJ facilita la búsqueda de estos anunciantes y tiene herramientas que hacen para recibir el pago directamente.

Clickbank

Clickbank es uno de los programas de afiliados más grandes y generosos que existen. Con comisiones superiores a la media y una amplia variedad de productos para vender, pueden ser una excelente red de afiliados para trabajar. Sin embargo, hay algunas desventajas. La primera es que tienen una amplia variedad de productos, y algunos de estos productos pueden no ser de la más alta calidad. Esto significa que necesitará discernir al seleccionar qué productos desea vender en su sitio, ya que no desea elegir productos de baja calidad que no salgan del estante. El otro inconveniente es que Clickbank maneja los reembolsos directamente, por lo que si un cliente por alguna razón cambia de opinión y desea un reembolso, Clickbank se encargará del reembolso y casi siempre lo hará automáticamente. Esto significa que una parte de sus ventas puede terminar recuperándose cada mes, especialmente si los productos que vende no son de buena calidad. Aún así, dicho esto, Clickbank tiene un alto nivel de potencial para los empresarios que están dispuestos a dedicar tiempo y energía.

Rakuten Linkshare

Rakuten es una de las redes de marketing de afiliación más antiguas que existen. Si bien no tienen la cantidad más significativa de anunciantes como algunas de las otras opciones en esta lista, se centran mucho más en productos de alta calidad para vender. Además de los productos de alta calidad, tienen excelentes sistemas de seguimiento, métodos publicitarios como rotar pancartas para ofrecer y muchas herramientas y educación para proporcionar a los usuarios. Una desventaja es que los pagos no se emiten de manera consistente, ya que solo se pagan después de que el comerciante ha sido pagado y eso puede ocurrir dentro de los 60 días posteriores a la compra. Otro inconveniente es que Rakuten solo está buscando afiliados de alta calidad, por lo que deberá demostrar que lo vale antes de que estén dispuestos a trabajar con usted. Entonces, si recién estás comenzando, Rakuten no es el programa para ti.

JVZoo

JVZoo funciona de manera similar a otras redes de afiliados, aunque no está tan relacionado con un proceso de solicitud como otros programas de afiliados. En cambio, aún tendrá que tratar directamente con cada anunciante que se encuentre en la plataforma, relegando la función de JVZoo como un intermediario. Sin embargo, no hay tarifas de inicio, son relativamente fáciles de trabajar y están creciendo bastante rápido. Esto los coloca en la mejor selección de programas de afiliación para elegir. El único inconveniente principal de trabajar con ellos es que no son tan exigentes con sus anunciantes como otras redes, por lo que deberá tener cuidado al evaluar los productos a la venta.

AvantLink

AvantLink es un programa de afiliación bien establecido que tiene valor tanto para principiantes como para aquellos que han estado en el campo del marketing de afiliación por un tiempo. Proporcionan excelentes funciones, como métodos automatizados para crear enlaces de afiliados para usted, lo que le ahorrará mucho tiempo. Además, también tienen excelentes comerciantes y formas de examinar cada anuncio, para que sepa exactamente lo que está obteniendo. La desventaja es que AvantLink es selectivo cuando se trata de los editores con los que trabajarán. Solo aceptan un pequeño porcentaje de aplicaciones, así que asegúrese de que su sitio web esté preparado antes de realizar la solicitud. Otra queja común sobre AvantLink es que no tienen la mejor atención al cliente, por lo que si usted es alguien que tiene muchas preguntas sobre la compañía, es posible que desee apuntar a un programa más orientado al servicio al cliente.

eBay

Si bien eBay es famoso por sus subastas en línea, también administran su propio programa de afiliados. Este programa puede ser bastante generoso, especialmente para aquellos que pueden dirigir a los usuarios a crear nuevas cuentas de eBay. Inscribirse en el programa de eBay es fácil de hacer, ya que buscan una red lo más amplia posible. Sus estructuras de comisiones son relativamente altas, y dado que la compañía está bien establecida, no tendrá que preocuparse por el problema de credibilidad. La mayoría de las personas están familiarizadas con eBay y, como tales, están más dispuestas a hacer compras en ellas.

Una posible desventaja de eBay es el hecho de que los productos se utilizan con frecuencia. Si bien esto podría no molestar a un tipo específico de población, como los que buscan antigüedades, puede apagar a una mayor parte de la población. Entonces, realmente, depende del nicho de mercado con el que esté trabajando. Si el nicho está buscando productos de propiedad previa, eBay es excelente, pero si están buscando cosas nuevas, entonces puede tener algunos problemas para encontrar esos productos nuevos en eBay.

Shareasale

Shareasale es un programa premium de marketing de afiliación que tiene bastantes ofertas exclusivas con anunciantes. Esto significa que los productos que ofrecen no están disponibles para otras redes. Entonces, si está buscando una forma de obtener una ventaja sobre la competencia, trabajar con Shareasale no es una mala idea. Ofrecen una tasa de comisión decente cuando comienzas, pero puedes ampliar a medida que rindes mejor con el tiempo. Uno de los inconvenientes es que la interfaz del sitio web no es tan intuitiva como otras, lo que lleva tiempo aprender. Puede ser un poco abrumador al principio, pero si puedes adaptarte a él, deberías poder ganar dinero con ellos.

Avangate

Si está buscando vender productos y software digitales, Avangate es uno de los mejores programas de marketing de afiliación. Se centran principalmente en vender cualquier cosa relacionada digitalmente, evitando los bienes físicos para descargar. Además de eso, también crean cupones dentro de su red de afiliados, lo que puede aumentar sus esfuerzos de marketing, ya que un cupón puede ayudar a motivar a un consumidor a tomar esa decisión de compra. Además de la función de cupón, ofrecen más de 4.000 anunciantes para elegir. Es básicamente una ventanilla única si desea vender productos en línea.

Maxbounty

Maxbounty es un afiliado de costo por acción y se considera uno de los mejores del mercado. Al ofrecer recompensas para generar no solo ventas sino también clics, Maxbounty eres libre de registrarte y ofrece una gran cantidad de herramientas valiosas para rastrear clientes potenciales. Tienen un número significativo de anunciantes, más de 20,000 en total, lo que le da mucho para elegir. Si bien ofrecen muchas opciones para ganar dinero, son exigentes, lo que significa que tendrá que pasar por un largo proceso de solicitud con ellos. Existe la posibilidad de que también se te niegue. Sin embargo, si logras ingresar, hay todo tipo de incentivos para trabajar con ellos, como bonos después de generar un cierto número de ventas al mes.

Revenuewire

Revenuewire es otro programa de afiliados enfocado en software. Ofrecen comisiones increíblemente generosas, así como una variedad de formas diferentes de ganar dinero. Tienen una amplia gama de productos de software que venden, la mayoría de los cuales tienden a dirigirse a nichos muy específicos. Si está buscando opciones de venta de software, Revenuewire podría ser una buena opción para usted.

FlexOffers

Otra gran opción de afiliación, FlexOffers tiene más de 12,000 anunciantes, lo que aumenta drásticamente el grupo que puede seleccionar cuando se trata de ofrecer buenos productos. Tienen gerentes dedicados que se enfocan en trabajar con afiliados y brindan excelentes métricas de datos para que pueda analizar el rendimiento de los enlaces que está proporcionando. Una de las desventajas más significativas es que FlexOffers no es tan flexible cuando se trata de pagos. Solo ofrecen depósitos directos o pagos con cheques, por lo que si espera servicios en línea, como PayPal, no tiene suerte. De lo contrario, son un excelente programa de afiliación para trabajar.

PeerFly

PeerFly es otro costo por acción del programa de afiliados. Si bien cuentan con un número menor de afiliados que otros mercados más grandes, ofrecen pagos más masivos que la mayoría. Con herramientas de capacitación para nuevos usuarios e incentivos para obtener ganancias a través de concursos, no son una mala elección, especialmente si está buscando ganar dinero por clic en lugar de por venta. Sin embargo, solicitar PeerFly no es un proceso fácil y a menudo se lo elogia por ser innecesariamente difícil y complicado.

Tradedoubler

Tradedoubler es una red de afiliados más grande que tiene algunos nombres muy importantes asociados a sus marcas, como Philips, Groupo e incluso Microsoft. Con 2,000 anunciantes y toneladas de herramientas para ayudar a los editores a realizar ventas, Tradedoubler es una excelente opción de un programa de afiliados. Sin embargo, Tradedoubler se centra más en las ventas internacionales, específicamente en el Reino Unido que en cualquier otro país, lo que significa que están buscando una cantidad significativa de tráfico proveniente del Reino

Unido. Si no tiene esos números, lo más probable es que no pueda trabajar con ellos.

Capítulo 5: Qué Considerar al elegir un Programa de Marketing de Afiliación

Como se vio en el capítulo anterior, hay bastantes programas diferentes entre los que puede elegir cuando se trata de comenzar con el marketing de afiliación. La verdadera pregunta es, ¿cómo sabe qué programa es el adecuado para usted? Realmente, es una cuestión de preferencia y conveniencia. Algunos programas de afiliados son más abiertos y de fácil acceso, mientras que otros requieren que demuestre credibilidad al tener un buen tráfico o un cierto número de ventas cada mes. Aquí hay algunas cosas a tener en cuenta al seleccionar un programa de afiliados.

Consulta los Anunciantes

Es importante no entusiasmarse demasiado con la idea de que un programa de afiliados tenga una gran cantidad de anunciantes. Claro, la mayoría de los programas tratarán de tensar el tener varios miles de proveedores para elegir, pero la cantidad no siempre es igual a la calidad. Deberá pasar un tiempo mirando la lista de anunciantes de su programa de afiliados potenciales y echar un vistazo a los productos que tienen para ofrecer. Pregúntese, ¿son estos buenos productos? ¿La gente se sentiría cómoda comprándolos? ¿Los sitios web se ven creíbles?

La credibilidad es una parte importante de la ecuación de ventas. Desea que los anunciantes que parecen creíbles tengan buenas críticas y, lo que es más importante, que tengan excelentes sitios web que no se vean incompletos. Si bien no tendrá que preocuparse por la credibilidad con ciertas grandes marcas o afiliados que usan Amazon, es algo a tener en cuenta al elegir anunciantes más pequeños. Por ejemplo, si está mirando a un anunciante que tiene un sitio web de aspecto extraño, completo con una mezcla de palabras extranjeras e inglesas presentes, enlaces rotos y reclamos muy exagerados, no importa si están ofreciendo una comisión del 90%, obteniendo personas comprar en esa tienda será bastante difícil. Por el contrario, un sitio web limpio y bien cortado y una página de ventas presentada por anunciantes que conocen el valor de proyectar una buena imagen puede aumentar significativamente sus posibilidades de ventas.

No cometa el error de pensar que todos los anunciantes son iguales; no lo son El hecho de que estén dispuestos a trabajar con usted no significa que valen la pena. Algunos anunciantes, especialmente aquellos cuyos productos son exclusivamente digitales, no tendrán productos de calidad. Se requiere la debida diligencia, especialmente si desea ganar mucho dinero en línea.

Encuentra Programas con la mejor tarifa de comisión

Desea encontrar programas que tengan las mejores tarifas de comisión disponibles, eso es un hecho. Sin embargo, es posible que sus opciones sean limitadas ya que recién comienza. Las altas tasas de comisión equivalen a una alta competencia, ya que más editores afiliados también estarán ansiosos por obtener una gran porción del pastel. Competir con sitios de nicho bien establecidos resultará difícil, especialmente si ambos están vendiendo los mismos productos, por lo que es posible que desee esperar para obtener las mayores recompensas al principio.

El segundo desafío con altas comisiones es que la mayoría de las comisiones más grandes solo están disponibles para aquellos con antecedentes comprobados. Esto significa que si aún no muestra algunos signos de éxito con sus esfuerzos de marketing, lo más probable es que tenga problemas para acceder a estas altas comisiones. Esto es solo un problema temporal, por supuesto.

Una vez que tenga éxito en sus primeros esfuerzos, eso abrirá la puerta a más oportunidades.

Por lo tanto, si bien querrá intentar obtener las mejores comisiones que pueda, no se preocupe demasiado cuando recién esté comenzando. Como cualquier negocio, cuanto más éxito encuentre, más oportunidades tendrá para hacer crecer su negocio tanto en escala como en ganancias. Lo más importante en lo que debe centrarse es en adquirir anunciantes de alta calidad para vender, de modo que pueda obtener esas estadísticas que abrirán el potencial para mayores comisiones.

Considere la Calidad de los Servicios de backend

Así que encontró un programa de afiliados muy bueno que ofrece excelentes anunciantes y altos niveles de comisiones. Eso significa que has terminado de buscar, ¿verdad? No necesariamente. Antes de dar el paso y comprometerse a trabajar con ese programa de afiliados, es posible que desee considerar a qué se enfrentará en el back-end. ¿Existe una buena atención al cliente si se encuentra con un problema? ¿Con qué frecuencia se realizan los pagos? ¿Son realmente útiles las herramientas que ofrece el programa de afiliados o suenan bien en teoría?

Tendrá que considerar estas preguntas y buscar para obtener las respuestas adecuadas. Sin embargo, no busque el programa de afiliados para responder estas preguntas. Por supuesto, le dirán que tienen el mejor servicio al cliente posible. En su lugar, querrá encontrar reseñas de terceros que puedan brindarle evaluaciones honestas de estos programas, que muestren tanto las ventajas como las desventajas. Las cosas en el mundo del marketing de afiliación están en un estado constante de cambio, así que asegúrese de mirar también las revisiones más actualizadas. Recuerde, la gente ha estado hablando sobre marketing de afiliación durante mucho tiempo, haga todo lo posible para evitar los artículos de hace cinco años, lo más probable es que los datos hayan cambiado hace mucho tiempo.

Prueba

1. Al comenzar, automáticamente califico para la mejor tarifa de comisión
   a. Verdadero
   b. Falso

2. ¿Qué cualidades tiene un buen anunciante?
   a. Buenos Productos
   b. Sitios web bien diseñados
   c. Precios Bajos
   d. Tanto A como B

3. ¿Cómo puede determinar si un programa de afiliados es confiable?
   a. Revisa su propio sitio web
   b. Mira las opiniones de terceros
   c. Confía en su instinto
   d. Solo lo prueba y ve si le funciona

Capítulo 6: Cómo Crear Contenido para Marketing de Afiliación

Si quieres ser un vendedor afiliado exitoso, debes ser un creador de contenido exitoso. Como dice el dicho, el contenido es el rey. El contenido es la razón por la cual las personas visitarán su sitio web, es la razón por la que regresarán, y es la razón por la que recomendarán su sitio a otros. Si desea tener éxito, tendrá que aprender los principios fundamentales de lo que hace que el contenido sea excelente.

¿Qué es el Contenido?

En esencia, el contenido puede considerarse cualquier cosa que proporcione valor a los clientes potenciales. Una publicación de blog bien escrita es contenido. Un video divertido es contenido. Una revisión del producto es contenido. El propósito del contenido es proporcionar algún tipo de valor a un consumidor, ya sea educándolo, entreteniéndolo o inspirándolo. Los clientes navegan por sitios web con el único fin de consumir buen contenido. Están buscando artículos y videos que les brinden valor y, a cambio, creen conexiones con los proveedores de contenido que ofrecen tales cosas.

Como vendedor afiliado, querrá producir contenido que sea relevante para su público objetivo. Por ejemplo, si proporciona enlaces de afiliado de equipo de pesca, querrá crear contenido que se dirija únicamente a las personas que estarían interesadas en la pesca. Esto significa crear páginas de blog que hablan sobre técnicas de pesca, hacer videos que revisen los productos de pesca que están en el mercado y desarrollar otros tipos de contenido que resulten atractivos para quienes pescan.

Al crear contenido relevante que proporciona valor a los consumidores, está creando fuentes orgánicas de tráfico a su sitio web. Esto le permite generar ventas pasivamente sin tener que gastar dinero en costos publicitarios.

Uno de los desafíos detrás de la creación de contenido por el marketing de afiliación es que definitivamente querrás incluir tus enlaces en estos artículos. Sin embargo, su objetivo principal debe ser proporcionar valor al lector, no hacer ventas. Si bien esto puede parecer contradictorio, debe darse cuenta de que el marketing de afiliación se trata de crear buenas relaciones con los clientes. Si crea contenido de baja calidad que solo empuja a los lectores a comprar sus productos, esto se verá frustrado por el consumidor. Lo más probable es que se desconecten de su sitio web y no vuelvan a visitarlo.

Por otro lado, si puede generar contenido de alta calidad que satisfaga una necesidad en la vida del lector, entonces comenzarán a considerarlo como una autoridad en la materia. Aún más, volverán a su sitio web, una y otra vez. Entonces, si no se convierten la primera vez que visitan, todavía hay esperanzas de que, en algún momento, hagan una conversión. Además de eso, pueden compartir su contenido con otros, lo que amplía su red aún más.

La relación es el corazón de la creación de contenido. El objetivo es construir una relación buena y saludable con quienes visitan su sitio web. Las ventas llegan más tarde, una vez que se ha establecido esa confianza. Si hace un buen trabajo y construye una relación sólida, es posible que los clientes comiencen a buscarlo únicamente para tomar las decisiones de los consumidores sobre el nicho en el que se encuentra. Si ese es el caso, buscará ventas a largo plazo con eso. consumidor.

Promoción de Productos que ha Utilizado

Uno de los tipos de contenido más fáciles de producir es la revisión de productos. Los consumidores siempre están en busca de buenas críticas, y si el nicho en el que está trabajando es estrecho, eso significa que puede que no haya muchas revisiones disponibles. Las revisiones de productos son intrínsecamente valiosas porque las personas que están leyendo esas revisiones buscan realizar una compra. Si revisa de manera efectiva, podría ver una conversión cuando el consumidor haya terminado de leer o ver su revisión.

Por supuesto, crear revisiones lleva tiempo y comprensión del producto. El mejor tipo de revisiones de productos son las que muestran que el creador tiene conocimiento interno del producto y lo ha utilizado en acción. Tener acceso al producto y usarlo usted mismo contribuirá en gran medida a crear credibilidad. También le proporcionará una comprensión práctica del producto, que naturalmente lo ayudará a entender de qué hablar.

¿Qué medio debe usar para una revisión? Depende del producto y del nivel de energía que desea poner en él. Las revisiones escritas funcionan bien para la mayoría de los productos, pero si un producto tiene un efecto demostrable, puede considerar crear una revisión en video. No tiene que ser nada elegante, y la mayoría de las personas pueden salirse con la suya simplemente usando las cámaras de sus teléfonos para hacer revisiones de videos en estos días.

Debe esforzarse por la honestidad y la precisión al escribir estas reseñas. Cuanto más un lector pueda confiar en usted, más esperará que demuestre que comprende estos productos. Si documenta características que no existen, miente sobre los resultados o exagera, solo con la esperanza de hacer una venta, dañará su credibilidad. En el mundo del marketing en línea, la credibilidad es el único recurso que simplemente no puede comprar. No cometas el error de pensar a corto plazo. Una venta única no es tan valiosa como las ventas múltiples de los mismos consumidores, año tras año. Solo obtendrá esas ventas cuando el consumidor confíe en usted, y eso requiere que publique críticas honestas.

Presentación de Productos que No Ha Utilizado

Siendo realistas, no vas a utilizar todos los productos que vendes en línea. O los productos no tienen ningún valor para usted, o el rango de precios los coloca fuera de su presupuesto. De cualquier manera, esto no es demasiado problema, siempre y cuando lo abordes de frente. En lugar de tratar de presentar como si usted fuera una autoridad en estos productos, simplemente dedique el tiempo y el esfuerzo a hacer toda la investigación que haría un consumidor. La mayoría de las personas buscan ahorrar tiempo, por lo que si puede compilar una lista de comentarios y de documentos de terceros que hablan favorablemente sobre el producto, aún puede responder por el producto sin haberlo usado usted mismo. Claro, no podrá decir "Yo personalmente apruebo este producto", pero de nuevo, si tiene una cantidad significativa de investigación que dice que el producto es bueno, a la mayoría de los consumidores no les importará.

Todo lo que necesita para concentrarse es en compilar una investigación precisa y valiosa. Colocar todos estos hechos en un área, para que sus lectores puedan revisarlos de manera rápida y eficiente, puede ser extremadamente útil. Su papel en el caso de productos que no ha revisado personalmente es el de un asistente de investigación. Desea ayudar a educar a sus clientes, mirando su espacio web como un lugar centralizado para compartir estas reseñas. Esto puede ayudar a que los clientes pasen de la fase de preguntas a la fase de compra con bastante rapidez, especialmente si están buscando buenas razones para comprar.

Al igual que con sus propios comentarios personales, asegúrese de ser honesto y abierto sobre estos productos. Si encuentra deficiencias, no las oculte, sino que las muestre honestamente y con seriedad. Desea que los clientes estén lo más informados posible. Es raro que un producto sea absolutamente perfecto y un cliente que está mirando solo buenas críticas rápidamente se volverá sospechoso. Lanzar algunos aspectos negativos honestos, justos y equitativos sobre el producto es una excelente manera de generar confianza y darle al cliente una imagen decente de lo que está vendiendo.

¿Qué Tipo de Contenido Debo Crear?

Dado que la creación de contenido es uno de los aspectos más importantes del marketing de afiliación, debe estar preparado para pasar la mayor cantidad de tiempo posible en la creación de un programa de contenido. Un programa de contenido le permitirá planificar con anticipación, descubriendo exactamente qué tipos de contenido publicará y cuándo.

Realmente se pueden crear tres tipos principales de contenido: contenido que entretiene, contenido que educa y contenido que inspira. Estos tres tipos son bastante amplios y cubren una amplia gama de subcategorías. Pero, en general, desea alentar a las personas, educarlas o hacerlas felices a través del entretenimiento.

Hay muchas formas de crear contenido, desde hacer videos hasta escribir artículos e incluso crear infografías que ayudan a los consumidores a conocer datos interesantes sobre el nicho. Lo más importante que debe recordar es que el contenido debe existir únicamente para agregar algo útil a la vida de su cliente. Claro, puede incluir enlaces de afiliados en parte del contenido que crea, y puede publicar anuncios publicitarios que vendan sus productos en cualquiera de sus páginas, pero al final del día, debe estar dispuesto a agregar algo a la vida de un cliente gratis.

El contenido solo debe ser relevante para su nicho de mercado también. No desea atraer a un público amplio, porque un público general no se convertirá tan rápido como uno específico. Por lo tanto, es esencial centrarse en crear solo contenido que sea relevante para su nicho de alguna manera. Cuanto más tráfico específico pueda generar con su contenido, mayor será la posibilidad de que realice ventas de alguna manera.

Otra cosa a tener en cuenta es que desea crear lo que se conoce como contenido perenne. Perenne significa atemporal. Ya sean seis meses en el futuro o seis años, un contenido perenne sigue siendo relevante sin importar el paso del tiempo. Esto lo ayudará en gran medida, ya que podrá reutilizar su contenido de vez en cuando, ya sea volviendo a publicar la publicación del blog o promocionándolo en las redes sociales. Además, cuando los lectores se ponen en contacto por primera vez con su sitio web, encontrarán una recompensa al revisar sus trabajos pendientes, ya que el contenido seguirá siendo relevante para ellos, a pesar del año en que lo publicaron.

Las publicaciones de blog son los tipos de contenido más comunes que puede generar un sitio web. Estas publicaciones contienen uno de los tres temas de contenido diferente, entretener, educar o inspirar. Querrá crear una cantidad decente de publicaciones en el blog y luego seguir actualizándola semana a semana, de esa manera puede estar seguro de que los lectores vuelven regularmente a su sitio. Debes sentarte y trabajar para crear diferentes categorías de publicaciones que quieras producir a largo plazo. Las revisiones de productos, las vistas previas, las sugerencias útiles en el campo de nicho o las discusiones humorísticas son temas excelentes para escribir.

Además de las publicaciones de blog, si es posible, también debe trabajar para crear contenido visual. Ya se trate de algunas infografías, un video de demostración o una ilustración humorística, el medio visual a menudo se comparte con amigos y familiares. Esto puede ayudar a generar leads de forma orgánica y, en el proceso, aumentar las posibilidades de que alguien haga visitas repetidas a su sitio web.

¿Cuánto Contenido Debo Hacer?

Cuando comiences por primera vez, querrás probar y crear la mayor cantidad de contenido posible, lo suficiente como para que el lector necesite más de una sesión para revisar toda la cartera de pedidos. Esto ayudará a establecer su sitio web como una autoridad en el nicho que ha seleccionado y, en el proceso, solidificará su relación con los lectores. Una vez que haya creado una gran cantidad de contenido acumulado, puede ajustar el horario de publicación del contenido. Como mínimo, querrás concentrarte en publicar contenido al menos una vez por semana. Es posible que desee aumentar la frecuencia de contenido nuevo al menos tres veces por semana. Mientras más contenido publique, más lectores visitarán su sitio para ver las novedades. ¡Y cuanto más leen, mayores serán las posibilidades de obtener una conversión!

No soy un escritor / creador de contenido. ¿Qué debo hacer?

Si no tienes la habilidad para escribir, ¡no entres en pánico! No es necesario ser un autor brillante para generar contenido útil. En su lugar, deberá contratar trabajadores independientes para crear contenido para usted. Esto le costará algo de dinero a corto plazo, por lo que solo hágalo si está seguro de que verá un retorno de su inversión. Si no está totalmente comprometido con su sitio web o nicho, lo último que quiere hacer es desperdiciar su dinero en contenido que no le generará ninguna venta.

Contratar a un creador de contenido es relativamente simple. solo querrás usar un sitio web independiente como Upwork y buscar escritores que se ajusten a tu precio. Luego, solo deles los temas sobre los que desea que escriban y espere a que terminen. Si tiene el presupuesto para ello, puede generar bastante artículo al mes de esta manera. La mejor parte es que si comienza a obtener ventas de sus esfuerzos, puede reinvertir y continuar viendo más contenido generado por estos freelancers.

Crea un Podcast

Una de las formas más definitivas de posicionarse como una figura de autoridad en un nicho es desarrollar un podcast. El contenido de audio de formato largo es una de las industrias de más rápido crecimiento en este momento, y los anunciantes están comenzando a darse cuenta. El hecho es que las personas que escuchan podcasts a menudo sienten que tienen una conexión con los presentadores del programa y, como tales, están dispuestos a confiar en las palabras del presentador.

Si bien los invitados que aparecen en un podcast pueden ser útiles para un aumento a corto plazo en el tráfico de su sitio web e incluso en las ventas, ejecutar su propio podcast sería aún mejor. Todo lo que realmente necesita para comenzar es un micrófono decente y un formato para su programa. Como ya tiene su nicho resuelto, tampoco tendrá que preocuparse por elegir un tema para su programa, ya que se encontrará y estará en el campo elegido.

Lo importante para recordar acerca de un buen podcast es que su propósito es construir una mejor conexión con su audiencia. También puede lanzar productos tanto como desee, ya que la mayoría de la gente entiende que los podcasts necesitan patrocinadores. Estos dos factores combinados significan que los podcasts son uno de los tipos de contenido más potentes que puede tener en su bolsillo.

Puede que le intimide la idea de ejecutar un podcast, pero en realidad, no es muy complicado de hacer. Algunas habilidades básicas de edición, como aprender a cortar las pausas, uhms y ahs, un buen tema de discusión y algunos invitados en tu programa harán maravillas. Además, a medida que crea una base de fans, puede terminar atrayendo a más oyentes, e incluso podría terminar vendiendo espacio publicitario a los patrocinadores. Los beneficios de ejecutar un podcast son increíblemente altos y, para ser sincero, no hay inconvenientes. El peor de los casos es que hagas algunos shows y nadie escuche. El mejor de los casos es que pueda establecerse como autoridad persuasiva en su nicho y comercializar directamente a los oyentes.

La Consistencia es clave

Sobre todo, cuando se trata de la creación de contenido, querrá ser lo más coherente posible con su calendario de lanzamientos. Elija un día específico de la semana y comprométase a publicar contenido ese día. Esto ayudará a que sus lectores lo visiten en esos días. Si pierde una semana, podrían decepcionarse y si pierde dos o tres, muy bien podrían dejar de visitarlo activamente. Pase lo que pase, incluso si la publicación del blog no es larga, cumpla con su agenda todas las semanas. No querrás perder lectores semana a semana.

Prueba

1. ¿Cuáles son los tres tipos principales de contenido?
   a. Educación, Inspiración y Entretenimiento.
   b. Infografías, Videos y Publicaciones de Blog
   c. Facebook, Instagram, y Twitter
   d. Educación, Entretenimiento e Información

2. La consistencia no es importante cuando se trata de la programación de contenido
   a. Verdadero
   b. Falso

3. Si no eres bueno escribiendo, deberías
   a. Rendirte
   b. Contratar un escritor
   c. Roba otro contenido y vuelve a empaquetarlo como propio
   d. Tanto A y C

4. ¿Por qué es tan importante el contenido?
   a. Dirige el tráfico a su sitio web

b. Establece autoridad en un nicho

c. Tiene el potencial de generar ventas.

d. Todas las Anteriores.

Capítulo 7: Cómo Utilizar las Plataformas de Redes Sociales para el Marketing de Afiliados

Las redes sociales son una de las herramientas más importantes a la hora de realizar ventas en línea. Las redes sociales permitirán a los usuarios compartir su contenido entre ellos, lo que finalmente los dirige a su página de inicio. A partir de ahí, un lector curioso comenzará a hurgar y puede terminar encontrando un producto que le guste. Si ese es el caso, ¡podría hacer una conversión sin siquiera pagar un centavo por ese tráfico!

Si desea tener éxito como un vendedor afiliado, simplemente no puede ignorar las redes sociales. El valor de las plataformas es demasiado alto para dejarlo solo. Al mismo tiempo, las redes sociales pueden ser difíciles de dominar. Muchos especialistas en marketing lo ven como una simple vía de publicidad gratuita y, en el proceso, cometen muchos errores que dañan su imagen y les cuesta tiempo y energía. Si desea tener éxito con las redes sociales como un vendedor afiliado, debe abordarlo con precaución. No te lances a la refriega. en cambio, desarrolle una estrategia y cúmplala. Veamos algunas formas en que puede aumentar sus resultados en las redes sociales.

Encuentre la plataforma que está utilizando su mercado objetivo

No todas las plataformas de redes sociales son iguales. Hay una gran diferencia entre cómo funcionan Facebook, Twitter e Instagram. Además de eso, cada plataforma es adecuada para un tipo diferente de experiencia de usuario. Algunos nichos prosperan en Twitter, mientras que otros invierten mucho en el uso de grupos de Facebook para discutir lo que les gusta. Tendrá que pasar un tiempo investigando estas plataformas y ver qué plataforma funciona mejor con su nicho. No tiene que usar todas las plataformas de redes sociales para tener éxito. En cambio, solo tiene que encontrar los que tienen la mayor concentración de su mercado objetivo. Por ejemplo, si apunta a un público más joven, lo más probable es que desee apuntar a Instagram, que tradicionalmente tiene un grupo demográfico más joven que Facebook. Si los productos que vende son para escritores, Twitter sería la plataforma ideal para usar, ya que la discusión abierta lleva a muchas personas a tener conversaciones entre ellos. Investigue y descubra dónde su mercado objetivo tiende a agruparse más. Después haga que sea su plataforma principal de marketing.

Identifique Qué Contenido Compartir en Cada Plataforma

Cada plataforma tiene diferentes estilos, y eso significa que diferentes tipos de contenido prosperan en diferentes redes sociales. Por ejemplo, Instagram se basa casi exclusivamente en contenido visual, mientras que Facebook prospera con una mezcla de contenido visual y escrito. Esto no debería tomarle demasiado tiempo, pero dedique algo de esfuerzo a aprender qué tipos de contenido funcionan mejor en cada plataforma. De esa manera, cuando planifique compartir sus redes sociales, podrá identificar a qué plataforma cargar su contenido.

Descubra Cómo se Distribuye el contenido en una red

Una cosa importante para aprender es cómo se mueve el contenido a través de las redes sociales. Por ejemplo, Twitter tiene una función de retweet, que permite a las personas informar un tweet y compartirlo con sus amigos. Instagram, sin embargo, no tiene ese propósito y solo tiene la capacidad de dar me gusta a las imágenes. Dedique un tiempo a estudiar cómo se distribuyen los diferentes tipos de contenido a través de la plataforma de redes sociales elegida, para que sepa qué esperar cuando comparta su propio contenido.

No Compartas Demasiado tu Contenido

Al final del día, cada vez que comparte su contenido en las redes sociales, el objetivo final es ver un aumento en el tráfico del sitio web y, con suerte, algunas conversiones. Esto puede reducir su visión y hacer que trate las redes sociales como si no fuera más que una máquina generadora de tráfico. Sin embargo, este no es el caso. En primer lugar, la mayoría de las plataformas de redes sociales tienen sus propios sistemas publicitarios y sistemas por los que quieren que pague. A menudo tienen restricciones algorítmicas que evitan que las publicaciones de contenido repetidas se difundan demasiado, incluso si tienes una gran cantidad de seguidores. Por ejemplo, Facebook solo permite que una publicación al día tenga la mayor cantidad de alcance orgánico. Si hay más publicaciones que solo una, descubrirá rápidamente que tendrá resultados decrecientes. Esto se debe a que Facebook vende sus propios anuncios y quiere que les compre espacio publicitario. No quieren que uses su plataforma completamente gratis.

Por lo tanto, es importante saber que los resultados que ve en la publicación orgánica serán limitados. Así que no pierdas demasiado tiempo compartiendo demasiado. Descubra cuál es el cronograma de publicación ideal para cada plataforma que está utilizando y mantenga ese cronograma. No intentes pasar de eso, porque solo verás resultados decrecientes.

Construir Conexiones y Relaciones

¡Las redes sociales son sociales! Si bien puede ser un negocio, es importante reconocer que las relaciones personales son una de las partes más importantes para crear una conexión con los clientes. No solo veas las redes sociales como una oportunidad para impulsar tus productos y tu contenido. En cambio, míralo como una oportunidad para crear un diálogo con tus lectores, hacer conexiones con ellos y lo más importante, aprender lo que quieren. Cuando pueda escuchar y aprender de sus lectores a través de las redes sociales, puede adaptarse sobre la marcha para mejorar su contenido. Tomar sugerencias agudizará el atractivo de su sitio web y, como tal, aumentará sus ventas y lectores.

Por el contrario, si solo te enfocas en impulsar tu propio contenido a través de las redes sociales, la mayoría de las personas llegarán a reconocerte como nada más que un impostor. A nadie le gusta que lo vendan sin permiso. Si ven a alguien constantemente enviando correos no deseados, hablando solo de sí mismos, se apagarán rápidamente. Esto cortará la relación y, al final, saboteará tus esfuerzos.

Un buen vendedor sabe que la amistad y la conexión ayudarán a aumentar la credibilidad y las ventas en el futuro. Así que no trate a sus seguidores y fanáticos en las redes sociales como nada más que datos. Háblales. Hazles preguntas. Aprenda sobre sus deseos y deseos. Comparte contenido que no sea tuyo; Comparta ideas que sean relevantes y significativas. ¡Cree conexiones reales y haga crecer su negocio con autoridad y credibilidad!

Use Grupos de Facebook y LinkedIn

Facebook y LinkedIn tienen funciones especiales conocidas como grupos. Estos grupos son a menudo clubes privados donde los miembros pueden conectarse y hablar entre ellos sobre temas específicos. Cualquiera puede crear un grupo de Facebook e invitar a miembros a su antojo. Algunos grupos están abiertos a cualquier persona para unirse, pero debe tener precaución al interactuar con estos grupos. Lo último que quieren es que alguien se una a su comunidad y comience a comercializar directamente con ellos.

En su lugar, debe crear su propio grupo, permitiendo que las personas interesadas en su producto y contenido se unan. Esto creará una pequeña comunidad donde podrá responder preguntas, ofrecer soluciones y compartir más de su contenido único con ellos. Si la comunidad comienza a crecer, eso es aún mejor, porque es posible que sus miembros inviten a otros a unirse. Con el tiempo, es posible que se encuentre con un grupo pequeño y específico lleno de personas interesadas en su contenido y productos, esto abrirá muchas posibilidades para la venta directa.

Prueba

1. Las redes sociales son mejores para
   a. Crear relaciones con fans y seguidores
   b. Venta de productos constantemente
   c. Compartir contenido
   d. Tanto A y C
2. La mejor plataforma para usar es
   a. Facebook
   b. Twitter
   c. Snapchat
   d. La plataforma que más utiliza su grupo demográfico objetivo
3. La gente quiere que les vendan cuando usa las redes sociales
   a. Verdadero
   b. Falso

Capítulo 8: ¿Cuáles son las Trampas Comunes del Marketing de Afiliación?

El marketing de afiliación tiene una barrera de entrada relativamente baja, lo que significa que la mayoría de las personas pueden participar si lo desean. Sin embargo, el hecho de que no haya nada que le impida comenzar con el marketing de afiliación no significa que sea fácil. De hecho, tener éxito en el marketing de afiliación puede ser algo difícil al principio. Hay tantos errores simples que se pueden cometer que los lastiman tanto a tiempo como a dinero. Estos errores pueden conducir a la desánimo o peor, ¡simplemente rendirse! Echemos un vistazo a algunos de los escollos más comunes del marketing de afiliación y las formas en que puede superarlos.

Negarse a Gastar Dinero

Seamos sinceros. No necesita mucho dinero para comenzar con el marketing de afiliación. No hay una cantidad loca de tarifas involucradas al principio. Si bien hay algunos programas de afiliados que cobran por la membresía, siempre puede encontrar otros afiliados que ofrecen sus servicios de forma gratuita. El costo más significativo en el que puede incurrir es el costo de crear el sitio web, crear contenido y comprar el nombre de dominio.

Sin embargo, el hecho de que pueda reducir el costo de una operación de marketing de afiliación no significa que deba evitar gastar dinero sin importar qué. Hay ciertas cosas en las que debería estar dispuesto a dar su dinero, como publicidad, cuotas de membresía y diseño de contenido. Todas estas cosas están diseñadas para ayudarlo a ganar más dinero en el futuro. La publicidad será especialmente uno de sus costos más importantes a medida que trabaja para expandir el tamaño de su negocio.

Algunos nuevos vendedores afiliados pueden acostumbrarse a negarse a gastar dinero. Miran la posibilidad de gastar unos pocos dólares aquí y allá como algo malo, esperando solo ver el retorno de sus esfuerzos. Pero el problema aquí es que tienes un negocio. Muy pocas empresas se pueden crear y mantener de forma gratuita. En lugar de preocuparse por el dinero como si nunca se volviera a ver, un buen afiliado se da cuenta de que está invirtiendo su dinero. Las inversiones están destinadas a generar ganancias, y con el marketing de afiliación, las ganancias pueden ser enormes. Sí, habrá costos en los que incurrirá a medida que avance, pero los costos son significativamente más bajos que la ejecución de cualquier otro tipo de negocio tradicional.

Gastar Demasiado Dinero

Otro problema que puede afectar a los principiantes es la necesidad de gastar demasiado dinero al comenzar. Hay muchos programas, cursos, guías y otros tipos de recursos que prometen todo tipo de excelentes resultados. Todo lo que necesita hacer es comprar el programa "X", y hará todos los trabajos pesados, o eso dice el anuncio. El problema con muchos de estos programas no es necesariamente que no funcionen, sino que los vendedores afiliados sin experiencia no tienen la experiencia para usarlos en todo su potencial.

Cuando recién esté comenzando, debe sentarse y crear un presupuesto realista para su primer sitio web de marketing de afiliación. Este presupuesto debe incluir todo lo que necesita para poner en funcionamiento el sitio web. Esto incluye la creación de contenido, los costos de diseño web, el alojamiento, el nombre de dominio y su presupuesto publicitario inicial. Dedique un tiempo a analizar cuánto costará, calcule los números y obtenga un presupuesto adecuado.

Entonces, mantente firme. No cedas ante la necesidad de gastar demasiado en cualquiera de estas cosas, ya que recién estás comenzando. Más importante aún, no salgas de tu presupuesto para comprar programas y programas "necesarios" hasta que ya hayas demostrado a ti mismo que puedes ganar dinero sin ellos.

No caigas en la trampa de gastar demasiado al principio. En primer lugar, ni siquiera sabe si su nicho será rentable. Si pone demasiado dinero en un proyecto al principio y resulta ser un fracaso, acaba de perder una cantidad significativa de inversión. En cambio, gaste su dinero en fases, aumentando su gasto solo cuando vea resultados.

No Construir una Comunidad desde el Primer Día

La comunidad es una de las piezas más valiosas detrás del marketing de afiliación. Cuando decides que quieres crear un sitio web, estás haciendo más que solo poner algunas palabras sobre un tema de Wordpress. Estás construyendo una marca y una identidad. Una comunidad es una de esas cosas que ayudarán a reforzar y hacer crecer su marca con el tiempo. Algunos especialistas en marketing ignoran el aspecto de la comunidad y solo se centran en sí mismos, trabajando para crear sitios web unilaterales que no aprovechen la gran cantidad de personas que visitan a diario. Pero este es un tremendo error. Una comunidad permite que personas de ideas afines se reúnan alrededor de su sitio web y discutan cosas entre ellos. Les permite hacerle preguntas importantes y algunos miembros incluso pueden responder esas preguntas por usted. Una comunidad naturalmente ayudará a aumentar el tamaño y la lealtad de sus seguidores.

Crear una comunidad tampoco es difícil de hacer. Algunos optan por crear foros en su sitio web, donde personas de ideas afines pueden reunirse para hablar sobre el nicho elegido. Otros solo trabajan para crear grupos de Facebook o páginas de Twitter donde se pueden mantener discusiones. Hay muchas maneras diferentes de crear y fomentar una comunidad como comercializador. Si comienza el primer día, su comunidad crecerá junto con su sitio web. Cuantas más personas decidan unirse a su comunidad, mayor será el impacto que tendrán en otros dentro de sus círculos. No ignores el poder de una comunidad; en su lugar, haga todo lo posible para aprovecharlo.

Volverse demasiado ventajoso al exagerar los resultados

Su credibilidad es una de las cosas más importantes cuando se trata de marketing en línea. Las personas no van a confiar mucho en ti cuando te encuentren por primera vez en línea. La naturaleza de Internet puede ser depredadora, y las personas deben ser cautelosas al tratar con cualquier nueva fuente de información. Con el tiempo, cuando muestres cosas que te hacen confiable, la gente comenzará a entrar en calor contigo. La credibilidad es difícil de ganar pero increíblemente fácil de perder. Todo lo que necesita hacer es dar un solo paso en falso, y podría destruir la confianza de un año.

Muchos nuevos vendedores afiliados consideran el resultado final como lo único que importa. Sus ojos se ensanchan demasiado ante la idea de obtener una venta, y se sienten tentados a hacer atajos. Una de esas alternativas es exagerar los resultados y el valor de un producto. Un producto no es simplemente útil, no, afirman que es el último producto que necesitará comprar en este nicho. Resolverá todos los problemas del cliente. Durará para siempre. Es prácticamente indestructible. La lista sigue y sigue, pero los resultados finales son siempre los mismos. El consumidor realiza la compra, se da cuenta de que la han tenido y pierde toda confianza en usted. Claro, conseguiste una dulce comisión de $ 20.00, pero perdiste un cliente por el resto de tu vida.

Al final del día, todo lo que tienes es tu credibilidad. Protégelo con tu vida. No exageres, no mientas y ciertamente no tomes atajos morales. Una venta es una vez, pero una reputación es para siempre.

Trabaje con un Socio

Si bien es cierto que puede hacerlo solo cuando trabaja como comercializador afiliado, trabajar solo puede ser algo abrumador. Hay muchas partes móviles en un buen sitio web afiliado, desde la creación de contenido hasta el análisis de métricas y la gestión de las redes sociales. Puede ser bastante abrumador con el tiempo, y puede terminar sufriendo de una deficiencia en su productividad. Si ese es el caso, ¡podría estar perdiendo dinero!

Trabajar con un socio es una excelente manera de remediar estos problemas. Al dividir la carga de trabajo de manera equitativa, podrá mantener su sitio web con regularidad sin correr de manera irregular. Más importante aún, con el socio adecuado, podrá aumentar su potencial de ganancias. Por supuesto, su socio no trabajará gratis, ya sea que tendrá que pagarles u ofrecerles una división adecuada de las ganancias, pero cuantas más manos estén involucradas en el proyecto, más dinero ganará.

Síndrome de Objeto Brillante

¡El Síndrome del Objeto Brillante es una enfermedad mortal que puede matar a muchos empresarios sin que se den cuenta! ¿Qué es exactamente? Es donde un emprendedor se distrae continuamente con nuevas ideas o técnicas comerciales. Saltan de idea en idea, nunca se establecen y se centran en lo que realmente importa. En cambio, siguen estudiando nuevas tecnologías, siguen comprando cursos, dedican todo su tiempo a leer libros sobre nuevos tipos de métodos de venta sin tener que apegarse a un solo plan. Están perpetuamente en la fase de planificación.

Peor aún, si de alguna manera pueden salir de la etapa de planificación y lanzar un sitio web, no se quedarán por mucho tiempo. Se impacientarán con la falta de resultados o quedarán fascinados con una nueva idea y luego intentarán algo completamente nuevo, dejando atrás sus viejos esfuerzos.

El Síndrome del Objeto Brillante puede sucederle a cualquier emprendedor que no sea disciplinado. Parte de ser un buen empresario es tener la disciplina para mantener el rumbo. Una vez que haya desarrollado un plan de negocios, una vez que haya realizado la investigación y todo lo que le queda es esforzarse, debe continuar hasta que obtenga los resultados que busca. La capacidad de decir "no" a cualquier idea nueva hasta que ya haya ganado dinero con su enfoque actual puede ser difícil para algunas personas. Pero es lo que separa el trigo de la paja. Cualquiera puede idear un plan de negocios, y cualquiera puede armar rápidamente un sitio web para marketing de afiliación. Pero lo que hace que un verdadero emprendedor sea lo que es, es la capacidad de cumplir con lo que ha planeado hacer.

Delegar Tareas

Por difícil que sea aceptarlo, no vas a ser bueno en todo. Todos tienen sus trajes fuertes y sus áreas débiles. Un buen emprendedor no es alguien que carece de debilidad. En cambio, es alguien que es muy consciente de sus defectos y trabaja para sortearlos. Suponga que es excelente para crear sitios web y encontrar buenos anunciantes con los que trabajar, pero tiene grandes dificultades con las redes sociales. En lugar de seguir luchando, puede optar por contratar a alguien para que trabaje como administrador de redes sociales, incluso si es solo por unas pocas horas al mes, solo para ayudar a circular su contenido.

Puede ser un desafío renunciar al control total de su negocio, especialmente si es alguien que tiene una gran necesidad de estar a cargo en todo momento. Sin embargo, al contratar talento que pueda llenar los vacíos, aumentará su potencial de ventas, lo que a su vez equivale a mayores niveles de ganancias. Puede costarle un poco de dinero a corto plazo. Todo tiene un compromiso. Si no es un creador de contenido experto, su sitio web no será competitivo en el mercado de información en línea. Esto hará que te quedes atrás y, a su vez, dañará tus resultados. Siempre estás pagando por algo de una forma u otra. El truco es aprender a pagar solo por las cosas que le harán ganar más dinero en el futuro.

Fallo al Rastrear Resultados

Una de las partes más importantes de ser emprendedor es aprender a seguir los resultados. Nunca podrá determinar si sus esfuerzos realmente están funcionando si no está seguro de alguno de los datos. Gracias a sitios web como Google Analytics y Facebook Ads, estamos en una era dorada de seguimiento de información. Si invierte el tiempo requerido al principio, podrá determinar cuántas personas visitan su sitio web, de dónde proviene el tráfico, en qué productos están haciendo clic la mayoría de las personas y otros detalles importantes.

La medición de resultados le permitirá mejorar sus métodos de venta de productos. Podrá ver en qué productos se hace más clic y cuáles no se interactúan en absoluto. Con sistemas avanzados de seguimiento de resultados, como mapas de calor, incluso podrá ver dónde pasan la mayor cantidad de tiempo en su sitio web sus lectores.

El hecho es que puede aprender mucho sobre sus lectores y sus hábitos, así como también cómo puede mejorar sus argumentos de venta con análisis. Sin embargo, si no puede rastrearlos, si no aprende a analizar e interpretar datos, no tendrá esa ventaja. En cambio, solo adivinará cada semana cuando se trata de qué tan bien está funcionando su sitio web. Sería similar a operar un automóvil sin siquiera mirar el medidor de combustible. No tendría idea de cuánto gas tiene en el tanque hasta que tome la decisión de mirarlo. Las métricas son el combustible para un buen sitio web. ¡Revísalos tan a menudo como puedas!

Prueba

1. ¿Qué importancia tienen los análisis para su negocio?

    a. Extremadamente importante

    b. Moderadamente importante

    c. Algo importante

    d. Nada importante

2. La exageración está perfectamente bien cuando se trata de marketing

    a. Verdadero

    b. Falso

3. Síndrome de objeto brillante significa

    a. Constantemente distraído por nuevas ideas

    b. Querer ganar más dinero en línea

    c. Fascinación por los Espejos.

    d. Aprender nuevos métodos de marketing.

4. La mejor manera de trabajar como vendedor afiliado es solo

   a. Verdadero

   b. Falso

Capítulo 9: Cómo Elegir su Nicho

Elegir un nicho es uno de los principales desafíos detrás del marketing de afiliación. Querrá encontrar un nicho que esté subrepresentado en línea, con poca competencia y un gran número de personas interesadas. Esta es una tarea difícil y tomará mucho tiempo e investigación. Incluso con la mayoría de los estudios, todavía no hay garantía de que el nicho que elija funcione bien hasta que realmente ponga en funcionamiento el sitio web. Aún así, hay formas de ayudarlo a aumentar sus posibilidades de éxito la primera vez, veamos algunos pasos críticos.

Haga una lista de sus pasatiempos, intereses y pasiones.

Lo creas o no, pero el primer paso para encontrar un nicho es mirar dentro de ti. Dado que va a ser usted quien esté trabajando en generar contenido excelente y relevante, querrá elegir un nicho con el que esté familiarizado. Al crear una lista de tus pasatiempos, intereses y pasiones, podrás ver si hay algo que te llame la atención. Cuanto más entusiasmado esté con un nicho específico, mayores serán las posibilidades de éxito. Y la mejor manera de apasionarse por un nicho es encontrar uno que ya le interese. Internet es un lugar inmenso, por lo que existe una gran posibilidad de que haya otras personas que estén tan entusiasmadas con estos pasatiempos o pasiones. Como tú eres.

Organice los Temas que Ha Elegido en Orden de Cuánto le Gusta Hablar de Ellos.

Una vez que haya terminado de crear las listas, es hora de organizarlas. Coloque los temas de los que más le gusta hablar en la parte superior de la lista y clasifíquelos acordemente. Recuerde, al principio, querrá crear una buena parte del contenido, y eso significa que se dedicará principalmente al nicho. Al elegir un campo del que te encanta hablar, significa que no te aburrirás rápidamente.

Encuesta los Intereses de Otras Personas en el Tema

Una vez que tenga una idea general de los tres o cuatro nichos principales que ha extraído de su lista, es hora de comenzar a buscar para ver si existe un interés lo suficientemente amplio en el tema en línea. Esto llevará algún tiempo, pero es una parte vital de la fase de investigación. Busque en línea, use herramientas como Google Trends para ver cuántas personas están buscando términos específicos para su nicho. Si ve que hay un mercado lo suficientemente amplio, una demanda lo suficientemente grande para ese nicho, entonces podría haber encontrado a su ganador. Pero aún no has terminado. Un nicho de mercado es una combinación de un tema específico y limitado y un mercado desatendido. Esto significa que no puede tener una cantidad sustancial de competencia si va a comercializar de manera efectiva.

Encuesta la Competencia

Una vez que haya finalizado un tema específico, deberá encuestar a la competencia. Busque sus sitios de nicho y haga algunas observaciones. ¿Son fuertes los sitios web? ¿Están bien diseñados? ¿Parecen que están haciendo la cantidad correcta de negocios? ¿Hay áreas que son débiles? ¿Puedes competir con ellos? Lo más importante, ¿la página principal de la búsqueda de Google está llena de una competencia masiva? Uno o dos competidores bien diseñados son excelentes, pero si te das cuenta de que cada enlace en la página principal pertenece a un competidor diferente con un sitio web bien diseñado y una gran cantidad de buen contenido, definitivamente necesitarás encontrar otro nicho.

Un nicho de mercado simplemente no puede estar demasiado lleno de buenos creadores de contenido, especialmente si el grupo de anunciantes para ese nicho es bastante superficial. Esto puede resultar decepcionante, especialmente si descubre que su tema favorito está sobrepoblado, pero no se preocupe. Hay otros nichos para cubrir, o puede trabajar para encontrar una solución que otros competidores no brinden en este campo.

Encuentra los Problemas Más Buscados sobre este Nicho

Mediante el uso de herramientas de motores de búsqueda, como Google Keyword Planner, tiene la capacidad de descubrir sobre qué están escribiendo las personas en relación con su nicho. Con un poco de tiempo, puede buscar frases comunes escritas sobre problemas relacionados con su nicho elegido. Por ejemplo, si está ejecutando un sitio web de pesca, es posible que las personas busquen constantemente "desenredar rápidamente el carrete". Luego, simplemente documente estos problemas que las personas encuentran y avance al siguiente paso.

Encuentre productos afiliados que puedan resolver estos problemas

Todo el marketing se trata realmente de resolver problemas. Las personas tienen problemas en su campo de nicho y están buscando soluciones. Al aprender cuáles son estos problemas, puede comenzar a adquirir las soluciones. Una vez que haya encontrado productos afiliados que resuelvan estos problemas, la mayor parte del trabajo preliminar estará listo. Todo lo que necesita hacer es ayudar a sus lectores a darse cuenta de estas soluciones, y aquellos que estén buscando estas soluciones harán las compras lo más rápido posible.

Así es como se separa de un nicho que también puede tener competidores fuertes. Si ve un nicho que tiene poca competencia, pero tienen sitios web elegantes y alto contenido, puede trabajar para identificar qué problemas no están abordando. Esto puede brindarle una ventaja significativa, ya que puede trabajar para obtener esos productos de solución y luego incorporarlos en gran medida a sus técnicas de marketing.

Prueba

1. ¿Cuál es el mejor tema para un nicho?

    a. Lo que sea que se venda

    b. Una pasión, interés o pasatiempo que amas

    c. Equipo de Pesca

    d. Todas las Anteriores

2. ¿Por qué es importante la pasión a la hora de elegir un nicho?

    a. Disfrutarás genuinamente de lo que estás haciendo

    b. Comprenderá más sobre los productos que está vendiendo.

    c. Tendrá un mejor nivel de comunicación con los clientes.

    d. Todas las Anteriores

3. Un mercado desatendido significa

    a. No hay una gran cantidad de opciones para los consumidores en ese nicho

b. Hay un bajo nivel de competencia en el campo.

c. Tanto A como B

d. Hay demasiada competencia para entrar

4. Las personas compran productos porque tienen un problema que necesitan resolver

a. Verdadero

b. Falso

Capítulo 10: Cómo Construir su Lista de Correo Electrónico

La lista de correo electrónico es una de las partes más importantes del marketing en línea. Una lista de correo electrónico le permite capturar los correos electrónicos de posibles clientes potenciales y luego enviarles directamente ofertas especiales y otros tipos de comunicaciones. Mientras que otros tipos de esfuerzos de marketing, como los anuncios pagados, pueden ignorarse rápidamente al pasar por un consumidor, los anuncios por correo electrónico tienden a ser un poco diferentes. Dado que llegan directamente a la bandeja de entrada de un cliente, tienen más posibilidades de ser leídos. No solo eso, dado que el correo electrónico se envía a su grupo demográfico objetivo, también tiene una mayor probabilidad de conversión. Esto significa que podrían estar interesados en comprar los productos de los que habla su correo electrónico. ¡Y la mejor parte es que puede enviar correos electrónicos a los clientes de su lista las veces que quiera, sin costo alguno!

Si quieres ser un vendedor afiliado serio, entonces tendrás que dedicar tiempo y esfuerzo para construir una lista de correo electrónico efectiva. Afortunadamente, ¡hacerlo es gratis y fácil! Veamos cómo puedes crear tu lista de correo electrónico.

Crear una Página de Captura de Lead

La primera y más crucial parte de la construcción de una lista de correo es crear una página de captura de leads. También conocido como una página de compresión, aquí es donde dirigirá el tráfico web explícitamente con el fin de capturar correos electrónicos. Los correos electrónicos son extremadamente valiosos en el negocio de marketing, por lo que significa que debe priorizar obtenerlos tanto como pueda, especialmente cuando recién está comenzando. Una buena parte de sus esfuerzos de marketing debe ser capturar clientes potenciales. Esto significa que deberá crear una página útil de captura de leads.

Crear uno no es demasiado difícil. Simplemente puede crear uno en su propio sitio web, dedicar un tiempo a crear un diseño visual diferente para ayudarlo a diferenciarlo de sus páginas web habituales, o puede utilizar un servicio específico, como LeadPages, que ofrece la capacidad de crear páginas principales en funcionamiento en cuestión de minutos.

Crea una Propuesta de Valor Única

Parte de la creación de un sistema de captura de lead es aprender a adquirir correos electrónicos. La mayoría de las personas no solo entregarán sus correos electrónicos por nada. Para obtener estos correos electrónicos, deberá ofrecer una propuesta de valor, ofreciendo algo al líder potencial a cambio de su correo electrónico. Estas ofertas se conocen como imanes de leads. Esto puede ser tan simple como un libro electrónico gratuito o incluso algunos cupones para uno de los programas de afiliados que está utilizando. Cuanto más atractiva sea la oferta, más posibilidades tendrá de obtener la dirección de correo electrónico de su cliente potencial.

Una buena propuesta de valor es algo específico del nicho de su mercado objetivo. Deberá ofrecer algo que sea relevante y único para su campo, ofreciéndoles algo que los motive a registrarse en su formulario de correo electrónico. Tampoco tiene que ser un regalo muy caro. Solo tiene que ser algo que haga que su mercado objetivo haga una pausa y piense "Quiero eso". Si puede lograr que quieran su imán principal, se convertirán y le enviarán sus correos electrónicos.

Desea ser cauteloso al crear inicialmente su imán de lead. Si construye un imán demasiado atractivo, puede terminar obteniendo clientes potenciales de baja calidad. Estos son leads que no están muy interesados en tu nicho o en lo que tienes que vender. En cambio, la única razón por la que se inscribieron fue por el regalo gratis. Esto puede suceder con bastante frecuencia, especialmente si su regalo es demasiado atractivo para el público en general.

En cambio, debe trabajar para crear algo que solo atraiga a su audiencia principal. No haga que el regalo sea abrumadoramente valioso y, sin duda, asegúrese de que el regalo de alguna manera acerque su cliente potencial a la compra.

Solicite Correos Electrónicos de Forma Natural.

Si bien querrá crear una página de destino que exalte la virtud de unirse a su lista de correo, también querrá anunciar su lista de correo electrónico en su sitio web habitual. Quizás sea simplemente un pequeño párrafo al final de una publicación de blog, o tal vez esté en algún lugar de la página de inicio. De cualquier manera, si ese es el caso, querrá solicitar su correo electrónico de forma natural. Solo mencione que tiene un boletín informativo y que le encantaría enviarles actualizaciones y ofertas especiales. No presiones mucho. Después de todo, las personas no visitan directamente su sitio web para una venta adicional. Ese es el punto de tu página de destino. En cambio, solo tenga presente un recordatorio simple, naturalmente pidiendo correos electrónicos sin ningún tipo de venta difícil.

Limite la Cantidad de Veces que Solicita un Correo Electrónico

Este es un consejo que la mayoría de los vendedores en línea tienden a olvidar o ignorar por completo. Recibir un correo electrónico tiene mucho valor, eso no se puede negar, pero no todos quieren regalar su correo electrónico. Si la propuesta de valor no es suficiente para motivar al lector a suscribirse, y si no tienen interés en un boletín informativo o en recibir información del producto, lo más probable es que no vea una conversión de ellos. Eso está bien, pero si presiona demasiado y con demasiada frecuencia, puede terminar irritándolos.

Las ventanas emergentes son una herramienta útil cuando se trata de generar correos electrónicos. Si bien la mayoría de las personas consideran que los anuncios emergentes son una molestia, el uso de un banner emergente inofensivo y bien diseñado para mostrar que tiene una lista de correo puede en realidad ser un porcentaje de sus visitantes. Sin embargo, querrá asegurarse de configurar las ventanas emergentes solo para mostrarse a los nuevos visitantes. Después de eso, asegúrese de que sus ventanas emergentes no molesten a los mismos visitantes una y otra vez. Además, asegúrese de que sus anuncios no los sigan de una página a otra. Nada puede ser más irritante que pasar de un enlace a otro en un sitio web, solo para ser seguido por el mismo tipo de ventana emergente cada vez.

Crear Muchos Tipos de Listas

No tiene que atenerse a un solo tipo de lista de correo electrónico. De hecho, no deberías limitarte solo con uno. En su lugar, debe crear algunos tipos diferentes de listas de correo electrónico, cada una con diferentes propuestas de valor y propósitos. Por ejemplo, podría tener una lista de correo de boletín, una lista de correo para enviar ofertas especiales y otra lista de correo para enlaces de referencia. Separar sus clientes potenciales lo ayudará a realizar un seguimiento de cuáles buscan activamente realizar compras, cuáles están realmente interesados en el blog y cuáles están abiertos a ofertas especiales. Siéntase libre de experimentar con tantos tipos de listas diferentes como desee, hasta que finalmente tenga la proporción ideal que está buscando.

Comprometerse con el Cliente

Una vez que tenga acceso a los correos electrónicos del cliente, puede enviarles comunicaciones cuando lo desee. Sin embargo, es importante recordar que cuando un cliente le envía un correo electrónico, es una señal de confianza. Están buscando que les proporciones algún tipo de valor. Debe tratar sus correos electrónicos con respeto y abstenerse de enviarles demasiados correos electrónicos al día. En su lugar, intente utilizar su lista de correo electrónico como la capacidad de interactuar con los clientes en un nivel más profundo.

Por ejemplo, puede usar su lista de correo del boletín como una oportunidad para compartir noticias sobre su sitio web a medida que crece. Si tiene nuevos productos para revisar, puede hablar sobre eso, o puede compartir lo que ha estado sucediendo detrás de escena. Principalmente, desea interactuar con sus lectores dándoles comunicaciones personales. Esto creará la imagen de que eres más que un sitio web sin rostro y establecerá una conexión más fuerte.

Además de eso, también puede usar su lista de correo como una oportunidad para enviar preguntas y encuestas a sus lectores, obteniendo una mejor idea de lo que quieren ver más en su sitio web. Esto tiene un doble beneficio, el primero es que sus clientes sienten que escuchan y se preocupan por su opinión y el segundo es que puede personalizar mejor su sitio web para satisfacer las necesidades de los consumidores.

Mantenga los Correos Electrónicos Privados

Una de las cosas más importantes para recordar es que un correo electrónico debe permanecer confidencial. Cuando un cliente le confía su correo electrónico, tiene la impresión de que tiene la intención de usar su correo electrónico solo para sus propios fines comerciales. Esto significa que debe abstenerse de cualquier comportamiento poco ético, como vender sus datos a otras empresas.

Además de abstenerse de vender sus datos personales, también debe asegurarse de no contaminar de manera cruzada sus correos electrónicos. Por ejemplo, si está ejecutando dos sitios web separados, uno que vende equipo de pesca y el otro que vende equipo de senderismo, ambos bajo dos marcas diferentes, entonces debe tratar las listas de correo electrónico como separadas. Puede haber una tentación de enviar correos electrónicos cruzados, optando por enviar algunos de sus correos electrónicos con temas de pesca a la lista de correo de senderismo, pero esto solo causará problemas por varias razones.

La primera razón es que un cliente no optó por registrarse en la lista de correo de pesca, eligió en la lista de senderismo. Cuando reciben una lista de pesca, se confundirán sobre por qué la están recibiendo. El mensaje no será bien recibido y lo más probable es que se elimine de inmediato.

El segundo problema es que el cliente puede darse cuenta de que la misma compañía le envía por correo una marca diferente. Esto tiene el potencial de irritarlos o hacer que pierdan su confianza en usted, ya que específicamente querían comunicarse con una marca. Esto genera mala voluntad que en última instancia puede conducir a la pérdida de confianza o, lo que es peor, a la pérdida de un cliente.

Es esencial que siempre recuerde mantener todas sus listas de correo separadas entre sí, por respeto a su cliente. Mantenga sus datos confidenciales y nunca contamine de forma cruzada.

Crea tus Autorespondedores

Una gran característica del uso de un sistema de gestión de listas de correo como MailChimp es el hecho de que permiten la automatización. Las respuestas automáticas le permiten responder acciones específicas, como un registro, automáticamente, enviando un correo electrónico prefabricado a su cliente. Entonces, si está ofreciendo un libro electrónico gratuito, por ejemplo, querrá usar un correo electrónico de respuesta automática que enviará automáticamente el enlace de descarga a cualquier nuevo cliente. ¡Esto le ahorra el valioso tiempo de tener que hacerlo usted mismo y, lo que es más importante, le brinda a un cliente una gran experiencia porque obtiene el artículo de valor casi al instante!

También puede usar autorespondedores para todo tipo de tareas. Por ejemplo, si desea enviar un tipo personalizado de correo electrónico, agradeciendo a una persona por unirse, una semana después de recibir su obsequio, solo para recordarle su sitio web, puede personalizar un autoresponder para hacerlo. ¡También puede usar el autoresponder para enviar sus publicaciones de blog más populares de una serie, dando a su lector información valiosa, llegando directamente a su bandeja de entrada!

Pero como todas las cosas relacionadas con el correo electrónico, asegúrese de no exagerar. Lo último que desea hacer es inundar accidentalmente a su cliente potencial con demasiados correos electrónicos en un corto período de tiempo. Asegúrese de que sus autorespondedores estén separados de manera uniforme y que haya al menos unos días entre cada correo electrónico automático. De lo contrario, ¡podría arriesgarse a que hagan clic en el botón para cancelar la suscripción!

Elija su Enfoque de Marketing por Correo Electrónico

Hay muchos enfoques diferentes que puede adoptar con el marketing por correo electrónico. Puede enfocarse en una campaña de correo electrónico a largo plazo, destinada a ver conversiones durante un período de tiempo constante o puede enfocarse en bombardeos a corto plazo, enviando solo unos pocos correos electrónicos a un cliente, pero cada correo electrónico contiene una venta más difícil. La elección es realmente tuya. Pero en cuanto al enfoque, deberá tener en cuenta tanto el contenido como la frecuencia.

Como regla general, si el contenido está destinado a dar como resultado una venta directa, debe enviarlo con poca frecuencia. Enviar uno o dos métodos de venta directa dentro de un mes sería una excelente manera de comenzar. Luego, puede registrar a aquellos que convierten y agregar sus correos electrónicos a una lista específica, ya que tienen un historial comprobado de ser los que convierten.

Si el contenido no está destinado directamente a la venta, puede conformarse con un correo electrónico semanal sin demasiado miedo. Crear un programa de contenido para sus correos electrónicos lo ayudará a planificar cuáles desea enviar y a quién.

Los enfoques agresivos están bien, siempre que mantenga suficiente tiempo entre correos electrónicos. Encontrar ese punto óptimo puede ser difícil, pero afortunadamente, tiene el poder de las métricas para evaluar su rendimiento. Si ve que enviar tres correos electrónicos de venta directa en un mes da como resultado una pérdida del 60 por ciento de suscriptores, debe cambiar su frecuencia de envío, mejorar el valor de su propuesta de correo electrónico o, mejor aún, encontrar suscriptores de mayor calidad. Si descubre que no está perdiendo muchos suscriptores con su frecuencia actual, o que está experimentando un número aún mayor de conversiones, lo más probable es que haya encontrado la frecuencia de correo electrónico perfecta. Sigue así hasta que las cosas comiencen a cambiar.

Las campañas publicitarias por correo electrónico no son una ciencia exacta. Cada cliente es diferente, pero gracias a las métricas podrá determinar qué tan eficientes son sus campañas. Podrá decidir qué correos electrónicos funcionan mejor y cuáles tienen un rendimiento inferior. Por lo tanto, no se preocupe demasiado por lograr que su campaña de correo electrónico sea perfecta al principio, porque realmente, es un juego de ajustes a medida que avanza solo. Realiza cambios aquí o allá, arreglando y mejorando su rendimiento con cada correo electrónico que envía.

Evite Comprar Clientes Potenciales

Cuando recién comienza, puede encontrar algunos servicios que ofrecen venderle clientes potenciales de correo electrónico de alta calidad. Tienen listas de correo electrónico patentadas en el campo "X", y por una tarifa pequeña (o grande), todo puede ser suyo, para hacer lo que quiera. El problema con estas listas de leads es que no hay forma de verificar si estos leads son buenos. La mayoría de las veces, son solo viejos correos electrónicos recopilados a través de los años por algún gran recopilador de datos. No hay garantía de que estos clientes potenciales sean de alta calidad o estén remotamente interesados en recibir correos electrónicos de usted.

La mayoría de las veces, estas listas de correo electrónico son solo piezas de basura que venden los vendedores ambulantes que buscan ganar dinero rápidamente en línea. Muchas veces, han recopilado los datos de alguna compañía, habiendo pagado centavos por unos pocos miles de correos electrónicos inútiles. Los clientes no responderán a esos correos electrónicos y lo más probable es que la mayoría de ellos sean solo cuentas de correo electrónico hechas para recolectar spam de todos modos.

El hecho es que no hay nada que reemplace sus propios esfuerzos y energía cuando se trata de generar leads de alta calidad. Sí, puede llevar más tiempo, y sí, puede ser más costoso en términos de costos publicitarios, pero al final del día, cada cliente potencial que genere por su cuenta será suyo durante el tiempo que desee. No incurrirá en ninguna tarifa de marketing adicional para enviar correos electrónicos directamente a estos clientes potenciales. Vale la pena el precio de entrada.

Prueba

1. ¿Qué hace que una lista de correo electrónico sea tan importante?
   a. Puedes comercializar directamente con los consumidores
   b. Los correos electrónicos se pueden vender por efectivo
   c. A los consumidores les encanta inscribirse en cosas
   d. Tanto B como C
2. ¿Con qué frecuencia debe solicitar correos electrónicos de los visitantes?
   a. Sólo una vez
   b. Tan a menudo como puedas,
   c. Tres o cuatro veces
   d. Nunca
3. ¿Qué es un imán de lead?
   a. Un producto o servicio que los consumidores obtienen a cambio de sus correos electrónicos
   b. Un tipo de anuncio de Facebook

c. Un producto físico que se vende en su sitio web.

d. Ninguna de las Anteriores

4. ¿Qué tipo de correos electrónicos deben enviarse a los clientes?

a. Boletines informativos

b. Promociones de productos

c. Promociones de Contenido

d. Todas las antetiores

5. A los clientes no les importa si reciben spam o no

a. Verdadero

b. Falso

Capítulo 11: ¿Qué Estrategias de Marketing de Afiliación Puede Emplear?

Una vez que tenga todos los elementos básicos juntos, es hora de que comience a centrarse en la estrategia. Una estrategia buena y efectiva puede darle una ventaja, mejorar el valor de su sitio web y aumentar las ventas. Recuerde, un objetivo no es una estrategia. Claro, es posible que tenga un número final en mente, alguna idea de cuánto dinero desea ganar a largo plazo, pero solo porque tenga un objetivo no significa que tenga los métodos necesarios para alcanzar ese objetivo.

Este capítulo se centrará en algunas estrategias diferentes que puede utilizar a medida que trabaja para alcanzar sus objetivos como vendedor afiliado. Echemos un vistazo a algunos métodos diferentes que pueden ayudar a agudizar y mejorar tanto la experiencia del cliente como sus ventas.

Rastrea el Movimiento de Tus Usuarios

Al utilizar un sistema de seguimiento conocido como mapa de calor, puede seguir la actividad en tiempo real de los usuarios en su sitio web. Puede ver dónde han estado sus movimientos del mouse, creando focos de "calor" en su pantalla, las áreas más calientes en la pantalla son las que tienen la mayor cantidad de atención del mouse. Un mapa de calor lo ayudará a capturar la imagen más precisa de lo que les interesa exactamente a los usuarios en su sitio web. Puede usar esta información para producir más contenido que sea similar a las partes más populares de su informe, así como para entregar menos contenido en áreas que se están enfriando.

Un mapa de calor también le ayuda a comprender las conversiones. Si observa que un banner publicitario específico o un enlace de afiliado tiene una gran cantidad de calor, pero pequeñas cantidades de clics reales, algo podría estar mal. O no está presentando el tipo correcto de publicidad para estos enlaces, el gráfico no es lo suficientemente atractivo o hay algún otro factor que los detiene al menos hacer clic.

Si bien puedes aprender mucho de los mapas de calor, siguiendo el movimiento de tus usuarios, no podrás descubrir directamente por qué interactúan con tipos específicos de contenido más que otros. Simplemente no puede preguntarles sus pensamientos y opiniones. Lo único que puede hacer es inferir de los puntos de datos y llegar a sus propias conclusiones. Pero aun así, el valor de un mapa de calor es increíblemente alto. ¡Te dará la capacidad de adaptarte y reaccionar ante la forma en que las personas ven tu sitio web desde hoy!

Encontrar un servicio de mapas de calor tampoco es muy difícil. Hay muchos servicios en línea que ofrecen el uso de mapas de calor gratuitos, así como otros que ofrecen actualizaciones pagas para obtener acceso a mejores métricas. Realmente es solo una cuestión de encontrar el software adecuado para usted.

Juzgue a cada afiliado según su página de destino

Una cosa importante a tener en cuenta es que cuando venda productos afiliados, las personas que hagan clic en los enlaces serán dirigidas fuera de su sitio web a la página de inicio del anunciante. Esto significa que hay ciertas cosas que están fuera de tu alcance, como el diseño web y una buena copia del anuncio. Entonces, si bien es posible que tenga un sitio web brillante con una buena copia y diseño, su página de destino de afiliado podría no ser tan atractiva. Si ese es el caso, podría apagar rápidamente a sus clientes cuando aterrizan.

Por lo tanto, es importante que juzgue a cada afiliado según su página de destino. Es mejor encontrar productos con páginas de destino funcionales y bien diseñadas. De lo contrario, podría terminar desperdiciando la mayor parte de sus esfuerzos. Afortunadamente, la mayoría de los anunciantes saben que esta es una parte esencial de la ecuación, por lo que están dispuestos a gastar su tiempo y energía en crear excelentes páginas de destino, pero de vez en cuando puede terminar encontrando un negocio que no paga nada. atención al diseño web. Si ese es el caso, lo más probable es que desee evitar vender esos productos, incluso si se ajustan perfectamente a su nicho.

Comprender los factores que Afectan las Tasas de Conversión de la Página de Destino

Hay muchas cosas que pueden afectar las tasas de conversión de la página de destino. Ya sea en su sitio web o en sus anunciantes, los clientes buscan resultados específicos al navegar en línea. El primero y más grande es la velocidad de carga. El cliente promedio solo está dispuesto a esperar unos 2 segundos para que un sitio web termine de cargarse. ¡Después de 3 segundos, verá una tasa de pérdida de casi el 40% de su tráfico! Por lo tanto, deberá pasar tiempo trabajando y supervisando las velocidades de carga de su sitio web. Asegúrese de hacer todo lo que esté a su alcance para que el sitio web se cargue lo más rápido posible. Dedique un tiempo a estudiar qué tipo de complementos necesitará para obtener una velocidad de carga rápida. Luego, asegúrese de utilizar un probador de velocidad en línea, como Google Speed Test, para determinar qué tan rápido se carga su sitio en diferentes partes del país y del mundo. Estos evaluadores a menudo pueden determinar qué áreas le causan la mayor cantidad de problemas en términos de velocidad de carga, lo que le da una idea de lo que necesita solucionar.

Otra cosa a considerar con las tasas de conversión de la página de destino es el costo. No puede esperar que cada persona que llegue a su página de destino realice una conversión porque las personas son naturalmente reacias a gastar dinero. Por lo tanto, tenga en cuenta ese factor al mirar sus tasas de conversión. Los puntos de precios más altos causarán niveles de conversión más bajos, mientras que los puntos de precios más bajos pueden aumentar sus posibilidades de conversión. Por supuesto, no puede elegir cuáles son los precios de estos productos, así que no se preocupe demasiado. Solo sepa tener expectativas realistas basadas en el costo de los productos que está vendiendo.

La copia del anuncio es la siguiente parte más importante de la tasa de conversión de una página de destino. Deberá crear una copia de anuncios que se venda, una copia que los motive lo suficiente como para hacer clic en el botón Comprar ahora. Esta no es la tarea más fácil, pero se hará mucho más fácil si tienes una copia bien escrita. Por lo general, querrá concentrarse lo más estrictamente posible en un solo producto. Dividir la atención en una página de destino nunca es una buena idea porque aumenta las posibilidades de que el consumidor quede paralizado por las opciones que tiene delante. En su lugar, cree una página de destino que se centre en un solo producto a la vez. Es posible que necesite crear cinco páginas de destino diferentes si está vendiendo cinco productos diferentes, ¡pero eso es algo bueno! Mantener sus productos divididos entre sí significa que cada lector está completamente cautivado por el producto único que tiene delante. Mantenga todas las copias de anuncios enfocadas en las virtudes y los beneficios del producto individual y verá una mayor tasa de conversiones que si estuviera ofreciendo una gran variedad de opciones en una sola página.

Concéntrese en el Tráfico de Alta Calidad para sus Páginas de Destino

Recuerde, quiere tráfico de alta calidad más que cualquier otra cosa. Esto significa que desea que las personas que están específicamente en su mercado objetivo visiten sus páginas de destino. ¿Por qué? ¡Porque las personas dentro de tu nicho son las que realmente se convertirán! Las personas que están fuera del nicho no ahorrarán, e incluso si lo hacen, el costo de hacer que cambien es significativamente mayor que las personas dentro de su mercado objetivo.

Piénsalo. ¿Qué es más natural, hacer que un pescador salga a pescar o llevar a alguien que odia el aire libre y convencerlo de que vaya a pescar con usted? El tiempo y la energía son recursos limitados en el mundo empresarial. No querrás desperdiciar toda tu energía y esfuerzos en personas que nunca se convertirán. Por lo tanto, es de suma importancia que se concentre solo en dirigir el tráfico de alta calidad a sus páginas de destino.

Entonces, ¿qué significa esto en términos prácticos? Significa renunciar a la idea de que desea que tantas personas como sea posible visiten su sitio web. En cambio, desea que tantas personas de alta calidad como sea posible visiten su sitio web. Puede alentar estas visitas de alta calidad asegurándose de que sus fuentes de tráfico siempre estén relacionadas con su nicho de destino. Trabaja para mantener tu contenido enfocado consistentemente solo en tu nicho. En otras palabras, manténgase en su carril tanto como sea posible. No cree incentivos para que los visitantes de baja calidad se dirijan a su sitio web. Esto significa ajustar su publicidad para que esté altamente dirigida.

Prueba

1. ¿Qué es un mapa de calor?
    a. Una representación visual de los clics y la atención de su sitio web.
    b. Un mapa de temperaturas en los Estados Unidos
    c. Un tipo de táctica de marketing
    d. Una campaña de publicidad
2. ¿Cuál es la parte más esencial de una buena página de destino?
    a. Buena copia del anuncio
    b. Una imagen de alta calidad del producto.
    c. Tanto a como B
    d. Tiempos de carga rápidos
3. Cualquier tráfico es buen tráfico
    a. Verdadero
    b. Falso
4. ¿Qué hace que un visitante sea de alta calidad?
    a. Son parte de su objetivo demográfico

b. Vinieron de una referencia de redes sociales

c. Ellos compran indiscriminadamente productos con poca investigación

d. Todas las Anteriores

Capítulo 12: Cómo Tener Éxito en el Marketing de Afiliación

El éxito en el marketing de afiliación es posible, siempre que esté dispuesto a dedicar tiempo y esfuerzo. El primer paso para alcanzar el mayor éxito es definir exactamente lo que consideraría el éxito. ¿Quieres $ 2,000 al mes en ventas? $ 5,000? $ 10,000? Todo esto es posible, pero requerirá una disciplina férrea y una dedicación seria. Y en muchos de estos casos, requerirá una cantidad de tiempo considerable antes de que pueda alcanzar estos hitos. Pero son posibles. Mientras esté dispuesto a tratar esto como un trabajo real y centrar su energía lo más posible en buenas prácticas comerciales, eventualmente podrá alcanzar su objetivo. Veamos algunas formas en que puede reforzar su éxito como vendedor afiliado.

Vender Bienes y Servicios que Conoces

Una de las formas más fáciles de aumentar sus ventas es simplemente apegarse a productos que le apasionan seriamente. Cuanto más comprenda sobre un producto, más tendrá ojo para el marketing y, lo que es más importante, más podrá responder preguntas y anticipar dudas. Ya hemos hablado de esto antes en capítulos anteriores, pero vale la pena repetirlo aquí. Si puede aprovechar su propia pasión y amor por un producto, tendrá una mayor oportunidad de vender ese producto a otras personas, porque su pasión se traducirá a través de las páginas. Por el contrario, si está vendiendo un producto que realmente no le importa y le resulta molesto, esa energía lo ralentizará.

Mantenga Dinámicos sus Activos en Línea

Ya sea su blog, su lista de correo o sus plataformas de redes sociales, debe recordar que el movimiento es una de las cosas más importantes. Hay tantas diversiones en Internet que la mayoría de las personas dejarán de prestar atención rápidamente a un producto o sitio web si no hay mucha actividad. Mantenga un cronograma de contenido rígido para todas las áreas de sus activos en línea. Ya sea Facebook, Instagram o una simple campaña de correo electrónico. Debes ser lo más activo posible para que las personas no se olviden de ti. En esta economía en línea, ser olvidado, incluso por unas pocas semanas, ¡podría potencialmente costarle en ventas!

Use Herramientas y Programas para Ayudarlo

Una vez que comience a familiarizarse con el marketing de afiliación, debe buscar herramientas y complementos que puedan ayudarlo en su trabajo. Los sistemas de administración de contenido como WordPress son increíblemente flexibles y ofrecen una gran cantidad de excelentes complementos de terceros que pueden mejorar su sistema de marketing de afiliación. Ya sea que se trate de un administrador de anuncios, un sistema de formulario de contacto o incluso simplemente un programa analítico mejorado, puede aumentar significativamente su eficiencia mediante el uso de estas herramientas.

Sin embargo, es esencial tener en cuenta que una herramienta y un programa no pueden reemplazar los conceptos básicos del marketing de afiliación. Sea cauteloso cuando se trata de aceptar las reclamaciones de programas específicos que pueden ayudarlo a ganar decenas de miles al mes, simplemente registrándose en su servicio. A menudo, estos programas son caros y realmente solo buscan aprovechar a las personas que buscan atajos rápidos. Como regla general, una buena herramienta o programa mejora sus esfuerzos de marketing de afiliación; no se trata simplemente de "generar efectivo rápidamente". Evite a cualquiera que reclame o tenga garantías sobre los beneficios que se obtienen al usar sus productos. A menudo, estas personas tienden a ganar dinero solo con la venta de sus productos, no con el marketing de afiliación real.

Evita las Tácticas de Blackhat

Blackhat es un término que se refiere al uso de lagunas y vulnerabilidades en los sistemas, así como al pirateo directo. En su tiempo estudiando marketing de afiliación, puede encontrarse con personas que afirman que tienen tácticas brillantes de sombrero negro que aumentarán sus ventas por diez. A menudo apuntan a algún tipo de explotación incompleta o táctica descaradamente poco ética que puede aumentar sus ventas a corto plazo. El problema con las prácticas de blackhat es doble. La primera es que simplemente viola las reglas de comportamiento ético, tomar atajos ilegales o inmorales afectará su credibilidad en el futuro.

El segundo problema es que las redes afiliadas a menudo están familiarizadas con las muchas hazañas diferentes que los vendedores afiliados de black hat intentan usar. Dado que son muy sabios con estos métodos, podrán determinar rápidamente si usted está participando en un comportamiento poco ético y reducirán sus ganancias lo antes posible. Algunos incluso podrían considerar litigios, ya que los métodos de blackhat son una violación de sus términos y condiciones.

Por lo tanto, si está buscando formas de aumentar sus ventas y se encuentra con un profesional independiente que ofrece servicios de blackhat a cambio de una tarifa, sería mejor evitarlos. El peor de los casos es que son un estafador, solo buscan ganar dinero, y el mejor de los casos es que realices algunas ventas y luego cierres tus cuentas con tu programa de afiliados.

No Te Detengas con un Sitio Web

Una vez que haya visto el éxito con su primer sitio web, puede considerar iniciar otro. El hecho es que el potencial para ganar dinero en cada nicho puede ser limitado ya que solo hay un pequeño grupo de clientes en comparación con intereses más grandes y más extensos. Si bien un nicho puede proporcionarle clientes dispuestos que harán estas compras, eventualmente alcanzará un límite de cuánto puede hacer. En última instancia, el costo de adquirir nuevos clientes se volverá demasiado costoso y tendrá un rendimiento decreciente en sus esfuerzos de marketing.

Este no es siempre el caso, pero nunca se sabe. Es posible que en algún momento en el futuro, la estrategia actual de su sitio web comience a tambalearse. O bien cambia el sabor o llega más competencia, dejándote en el polvo.

Al igual que con la inversión en el mercado de valores, no solo desea poner todos sus huevos en una sola canasta y esperar a que despegue su inversión. La diversificación es una excelente manera de proteger sus activos y garantizar que no perderá repentinamente una gran cantidad de ingresos mensuales.

Crear múltiples sitios también tiene el potencial de aumentar significativamente sus ingresos. Si encuentra dos o tres nichos diferentes que son rentables, podría duplicar o triplicar sus ganancias mensuales, simplemente ejecutando y manteniendo los tres sitios web al mismo tiempo. Esto no es lo más fácil de lograr en el mundo, ¡pero vale la pena!

Entonces, ¿cuándo es un buen momento para comenzar a crear ese segundo sitio afiliado? Una vez que obtenga un beneficio constante de su primer sitio web. Para entonces, tendrá toda la experiencia necesaria para crear y operar un sitio web de nicho y el abrir un segundo no será tan difícil como el primero. Pero recuerde, no puede acercarse a hacer un segundo sitio web a la ligera. Debes tomarlo tan en serio como has tomado el primero. ¡Si puede tomarlo en serio, verá que sus ganancias comienzan a aumentar aún más a medida que recauda ingresos mensuales de dos sitios diferentes!

Aprenda a Vender Productos Relacionados

Una buena publicación de blog puede vender un grupo de productos diferentes al mismo tiempo. Algunos productos pueden estar relacionados entre sí de forma indirecta, especialmente si forman parte del mismo nicho. Crear una estrategia de contenido diseñada para incorporar una multitud de productos diferentes al mismo cliente se conoce como venta cruzada. Algunos especialistas en marketing pueden integrar la venta cruzada creando guías de compras o listas de verificación de productos para actividades específicas. Si bien es esencial mantener sus páginas de destino agradables y separadas, es un juego diferente en sus páginas de blog básicas. Una red más amplia en su contenido menos específico puede resultar en un mayor nivel de ventas, ya que los clientes que ya han comprado el producto A pueden echar un vistazo a los productos B y C, que de alguna manera están relacionados con el producto A y darse cuenta de que lo quieren. .

Crea un Equipo Central para Hacer Crecer tu Negocio

A medida que aumenten sus ganancias, debería considerar seriamente contratar a más personas para unirse a su equipo. Una vez que pueda pagarles un salario por hora de las ganancias que está obteniendo, estará en una buena posición. ¿Por qué gastar el dinero en los miembros del equipo? En pocas palabras, cuantas más personas trabajen con usted, más valor se aportará a su negocio, lo que a su vez le permite aumentar sus niveles de ganancias aún más.

Escalar un negocio requiere más mano de obra. Simplemente no puedes hacerlo solo. Bueno, podrías, pero estarías pasando mucho tiempo y quemándote en tareas específicas que casi cualquier persona podría hacer. Un buen emprendedor aprende a contratar a otras personas para que puedan concentrarse en lo que realmente importa para el negocio. Claro, es posible que pueda "ahorrar" dinero al no contratar personas adicionales, pero también está limitando su potencial de ingresos.

Supongamos, por ejemplo, que en lugar de operar un segundo sitio web de nicho por su cuenta, contrataría a un gerente que maneje toda la producción de contenido para el segundo sitio. Usted hace todo el trabajo para configurar todo, hace la investigación de nicho, elabora el plan de negocios, pero le paga a alguien un salario para que realice todas las operaciones diarias. Ahora, puede liberarse para concentrarse principalmente en su primer sitio web, mientras ellos están ocupados trabajando para que su segundo sitio web sea rentable. Luego, además de eso, obtienen un salario, ¡mientras que tú eres el que cosecha la mayoría de las ganancias para el segundo sitio web! ¡Esto ahora ha aumentado sus ingresos significativamente, pero su carga de trabajo se ha mantenido relativamente igual!

Merece la pena contratar trabajadores adicionales para que se unan a su equipo principal, siempre que pueda pagarlos con sus ganancias. Esto ayudará a reducir la cantidad de gastos que paga de su bolsillo. Lo último que quiere hacer es ir en negativo porque ha contratado personal en el momento equivocado. Si su negocio de marketing de afiliación va bien, entonces debería poder apoyar al personal con esos beneficios. Si aún no está llegando a ese nivel, piense dos veces antes de ir más lejos en el hoyo y desembolsar más dinero para más personal.

Por supuesto, hay una excepción a esta regla, y es si te encuentras sin las habilidades necesarias para una parte importante del modelo de negocio de marketing de afiliación. Por ejemplo, si no eres un buen escritor, sin duda tendrás que contratar a alguien experto para que pueda generar contenido sólido y útil para tu sitio web. Estos costos son solo parte de la inversión inicial requerida cuando se trata de marketing de afiliación. De lo contrario, espere hasta obtener algunos beneficios antes de adquirir más talento.

Reinvierta las Ganancias en Su Negocio

Cuando comienzas a ver ganancias, tienes dos opciones. Puede guardar el dinero, disfrutar del fruto de su trabajo y gastarlo como desee. O puede tomar una parte de esas ganancias y reinvertirlas en el negocio. Esto ayudará significativamente con la ampliación, aumentando sus costos publicitarios y en general, creando un mayor potencial de ingresos. Pero debes tener cuidado aquí, ya que aún debes cosechar algunas de las recompensas por lo que has hecho. Encuentre una proporción ideal de cuánto desea embolsar y cuánto desea reinvertir. No reinvierta todo su dinero, ya que no hay garantía de que verá un retorno. Si ese es el caso y no ve ninguna ganancia, básicamente solo perdió todo su tiempo en este esfuerzo. Tomar una porción para usted lo ayudará a mantenerse motivado y enfocado en expandir aún más su potencial de ingresos. ¡Pero no tomes demasiado! Todavía querrás hacer crecer tu negocio tanto como puedas, así que trata de encontrar una proporción ideal. Una buena regla general sería reinvertir al menos la mitad de lo que gana y guardar el resto. Esto le permitirá escalar bastante rápido, al tiempo que conserva una parte de las ganancias para que pueda hacer lo que quiera.

Renegociar los Términos con el Anunciante.

Los anunciantes buscan hacer ventas. Su objetivo principal es ver a los editores vender tantos productos como puedan para que puedan obtener una gran parte de las ganancias sin hacer nada. Recompensan al editor con una comisión, y ambas partes están satisfechas. Al comienzo de la relación con el anunciante, tienen todo el poder. Ellos son los que tienen derecho a decir sí o no a trabajar con usted. Establecen los términos porque no tienes credibilidad en sus ojos. Más importante aún, pueden establecer el acuerdo para que funcione a su favor. Esto significa que toman la mayoría de las ganancias y te dejan con una comisión más pequeña. Esto es justo porque hasta que lo demuestres, no tienen ningún incentivo para pagarte una comisión más alta.

Sin embargo, el hecho de que hayan hecho el acuerdo original no significa que deba permanecer así para siempre. Una vez que comience a vender suficientes productos, podrá mostrar no solo su credibilidad con sus anunciantes sino también su forma de vender. Cada venta que traes para ellos los hace más productivos y, por lo tanto, más felices. Si comienza a vender una cantidad suficientemente grande de estos productos, la estructura de energía comenzará a cambiar. Tendrá una influencia más considerable con el anunciante porque está ganando para ellos y generando un montón de ventas. Esto le da suficiente peso para renegociar su estructura de comisión con ellos.

Algunos anunciantes pueden simplemente decir que no, pero uno bueno sabrá que tiene la capacidad de ofrecer resultados. Como no tiene que trabajar exclusivamente con ellos y puede seleccionar cualquier otro anunciante que desee, querrán conservar sus servicios. Una vez que tenga un historial y una demostración comprobados de que puede generar muchas ventas, debe intentar renegociar sus términos para que las comisiones sean más favorables. Lo peor que puede pasar es que simplemente digan que no. Lo mejor que puede suceder es que reconozcan sus esfuerzos y le den una porción más grande del pastel. ¡Esto aumenta su resultado final sin ningún trabajo adicional en su mitad!

Además de eso, una vez que tenga un historial probado, puede tomar sus datos y llevarlos a los programas de afiliados más exigentes. Esto le otorgará acceso a anunciantes potencialmente de mayor calidad y mejores estructuras de comisiones, así como mejores productos para vender. En otras palabras, si puede demostrar su valía a través del trabajo duro y la determinación, las opciones y posibilidades para ganar dinero aumentan exponencialmente.

No Solo Cree Sitios web, Cree Marcas

Cualquiera puede crear un sitio web. Solo necesitas una tarde y acceso a Wordpress. Un sitio web en sí mismo no es nada especial. Lo que hace que un sitio web sea especial es la marca que se le atribuye. Una buena marca tiene una fuerte identidad visual que está presente en todo el contenido que crea. Por lo general, un tipo simple de logotipo o un estilo de letras icónico ayudará a los clientes a reconocer su marca. Luego, cada vez que encuentren contenido que haya creado, reconocerán rápidamente su marca. Si tienen sentimientos positivos hacia su marca, como la confianza, esto aumenta las posibilidades de que interactúen con su contenido. Mejor aún, también puede recordarles ciertos productos que encontraron anteriormente, y los motivará a regresar a su sitio y realizar una compra.

Una marca es una combinación de actitud, estilo y colores. Cada sitio web que cree para su marketing de afiliación debe tener una marca fuertemente definida. Elija un color primario, secundario y terciario para su marca, luego asegúrese de usar solo esos colores en su sitio web. Esto puede parecer pequeño al principio, pero los colores son como reconocemos principalmente las marcas. Piensa en los colores de Coca-Cola; todo lo que necesita hacer es ver el familiar rojo y blanco, e instantáneamente, está pensando en la Bebida incluso antes de ver las palabras.

También querrás tener un logotipo. Algo hecho a medida y llamativo, capaz de capturar rápidamente la atención de alguien que mira tu contenido, ya sea a través de redes sociales o mediante un anuncio. Estos logotipos son esenciales porque le permitirán marcar su contenido con marcas de agua. Con la naturaleza del intercambio en línea, habrá personas que tomarán contenido visual suyo y comenzarán a distribuirlo, sin incluir enlaces a su sitio. Este no es un acto necesariamente malicioso, de hecho, la mayoría de las personas tienden a hacer esto. Al tener un logotipo con marca de agua en su contenido visual, las personas se darán cuenta de su marca y, si les gusta lo que han hecho, buscarán su marca y la llevarán a su sitio web.

La última pieza de identidad de marca es la actitud. Cada marca proyecta algún tipo de imagen, algún tipo de idea destinada a evocar una emoción o sentimiento. Esta es una de las partes más intangibles de la marca, pero es necesaria si desea que las personas tengan una lealtad a su sitio web que va más allá de simplemente gustarle sus productos. La actitud puede transmitirse compartiendo su visión única con el mundo en su página. Se puede encontrar en la forma en que escribe sobre temas específicos y en cómo comparte sus sentimientos sobre los temas. Si quieres transmitir un estilo de vida divertido y deportivo, querrás que todo tu contenido refleje esa actitud. Si está trabajando principalmente como un sitio web de empresa a empresa, entonces querrá mantener un tono profesional. La actitud lo ayudará a mantenerse en la marca y, lo que es más importante, a mantener su tono constante en todos los ámbitos

Prueba

1. ¿Cuándo es el mejor momento para comenzar un segundo sitio web?

    a. Inmediatamente después de hacer el primero.

    b. Una vez que comience a ver ganancias de su primera

    c. Nunca

    d. Despues de unos años

2. ¿Qué hace que la diversificación sea tan necesaria para el marketing de afiliación?

    a. Los gustos del mercado pueden cambiar en cualquier momento, disminuyendo sus ventas.

    b. Las compañías afiliadas quieren ver un editor con múltiples sitios web

    c. Los ingresos pueden potencialmente duplicarse agregando más sitios a su cartera

    d. Tanto A como C

3. ¿Cuánto beneficio debería reinvertir en su negocio al principio?

    a. Todo ello

    b. Mitad

    c. 10%

    d. Nada

4. Cuando ha hecho un trato con un anunciante, no hay forma de cambiar los términos más adelante.

    a. Verdadero

    b. Falso

5. ¿Qué hace a una buena marca?

    a. Colores reconocibles

    b. Un buen logo

    c. Consistencia en el tono

    d. Todas las anteriores

Capítulo 13: Cómo Aumentar su Tráfico Web

El tráfico es el elemento vital de su sitio web. Tendrá que encontrar formas constantes de generarlo a diario, especialmente si desea realizar la mayor cantidad de ventas posible. Veamos algunas de las formas más probadas en el tiempo en que puede aumentar su tráfico web.

Publicación de Invitados

La publicación de invitados es una de las formas más fáciles de aumentar su tráfico. Todo lo que necesitas hacer es encontrar un blog que esté escribiendo en el mismo nicho en el que estás escribiendo y contactarlos. Pregúnteles si estarían dispuestos a alojar una de sus piezas en su sitio web, o si estarían interesados en escribir para su blog. De cualquier manera, podrá aumentar sus posibilidades de generar tráfico al acceder a la base de usuarios de ese blog. Luego, una parte de esos lectores se convertirá a seguir su blog y con el tiempo, verá un aumento constante en el tráfico.

No todos los blogs especializados estarán interesados en la publicación de invitados. Algunos pueden ser competidores directos para usted y probablemente no estarán abiertos a que usted escriba en su sitio web, ya que desviaría el tráfico de sus ventas. Asegúrese de que los blogs a los que apunta no compitan directamente con usted. Hay muchos sitios web de fanáticos que están dirigidos por personas que simplemente disfrutan hablando sobre el nicho sin ningún ángulo de venta. Esos son los que tienen la mejor oportunidad de trabajar con usted como blogger invitado.

Apariciones de Invitados

Si ha dedicado una buena cantidad de tiempo y energía a crear contenido bueno y sólido para su sitio web, puede posicionarse como una autoridad en ese tema. Si ese es el caso, puede comunicarse con blogs de video, canales de YouTube o podcasts que cubren estos temas específicos y ver si estarían dispuestos a recibirlo para hablar sobre un tema específico. Esta puede ser una excelente manera de obtener su nombre y dirigir el tráfico de regreso a su sitio web. Y además, en el mundo hambriento de contenido actual, la mayoría de los creadores de contenido siempre están buscando cosas nuevas. Una entrevista o coanfitrión invitado a uno de sus programas es solo otra forma de expandir su contenido, por lo que lo más probable es que estén abiertos a tenerte.

Search Engine Optimization SEO (Posicionamiento en Buscadores)

El SEO es una de las herramientas más importantes a la hora de generar tráfico. De hecho, de todas las herramientas de las que hablamos en este capítulo, el SEO es la más importante que puede usar. El SEO permite a las personas encontrar orgánicamente su sitio web cuando buscan términos relacionados con su nicho de mercado. Un buen SEO significa que aparecerás en la parte superior de las listas de motores de búsqueda, apareciendo en la página principal de Google o Bing. Un mal SEO significa que no te descubrirán en absoluto, sin importar cuán relevante sea tu sitio web para sus búsquedas.

La optimización de motores de búsqueda no es terriblemente difícil de hacer, pero requiere mucha educación al respecto. Las prácticas de SEO cambian constantemente, y siempre hay cosas nuevas que puedes aprender sobre el tema. Si desea tener éxito como un vendedor afiliado, no se equivoque, absolutamente debe aprender SEO. Afortunadamente, hay tantas herramientas y recursos en línea que no tendrá problemas para aprender todas las mejores prácticas para el año en curso.

No cometas el error de pensar que el SEO es opcional. Las personas utilizan abrumadoramente motores de búsqueda para encontrar nuevos sitios web. Piensa en la frecuencia con la que usas Google u otro motor de búsqueda. Lo más probable es que use estos sitios web a diario, solo para que pueda encontrar el contenido que sea relevante para sus preguntas. La optimización del motor de búsqueda permitirá que su sitio web aparezca más cerca de la página principal, lo que naturalmente aumentará el flujo de tráfico que necesita para sobrevivir. Por lo tanto, pase el tiempo necesario aprendiendo todo sobre las mejores prácticas de SEO y luego aplíquelas tanto como pueda. Hará muchas más ventas que si lo dejara solo.

Otra cosa a tener en cuenta es que, sin duda, se encontrará con servicios que ofrecen optimización SEO. Estos costosos servicios a menudo harán todo tipo de promesas sobre aumentar su clasificación, obtener una cantidad sustancial de tráfico, etc. Sería mejor mantenerse alejado de estos servicios hasta que tenga una buena comprensión clara del SEO. La mayoría de estos servicios ofrecen asistencia de nivel básico, pero cobran bastante por ello, o peor aún, utilizan métodos poco éticos e ineficientes para aumentar su clasificación en el corto plazo. Claro, existen algunos servicios legítimos que ayudarán con el SEO, pero en última instancia necesitará una comprensión convencional de la práctica antes de poder determinar qué servicios realmente necesita. Puedes hacer la mayoría de las cosas de SEO tú mismo y ahorrar una fortuna en el proceso.

Comercialización en Foros y Otras Comunidades.

Los foros en línea son un excelente lugar para que las personas interesadas en nichos específicos se reúnan y discutan varios temas sobre dicho nicho. Como vendedor, es posible que pueda encontrar un hogar natural en estas comunidades, compartiendo ideas interesantes y fomentando el diálogo sobre sus productos. Sin embargo, al igual que con las redes sociales, el marketing a través de foros debe tomar una mano sutil y gentil. El objetivo no es solo vender tanto como puedas a las personas a través de estos foros. La mayoría de la gente echa un vistazo a un póster como ese y sabe ignorarlos para siempre.

Debe estar dispuesto a participar en estos foros no solo como un vendedor, sino también como miembro. Hable sobre otras cosas que no sean su propio negocio, haga preguntas, comparta ideas y contenido que no le pertenezca. En otras palabras, ser un miembro participante de la comunidad que quiera agregar valor a la vida de los demás. Puedes poner tus enlaces importantes en tu firma para que cuando hagas una publicación, las personas siempre puedan visitar tus enlaces, incluso si no estás hablando específicamente de tu propio negocio. Esta es una mejor manera de promocionar sus productos pasivamente y no molestará a nadie.

Usar Anuncios para Obtener Tráfico

Los anuncios pagados son una de las formas más seguras de generar tráfico. Gracias al poder de los sistemas de marketing como Google Adwords y el marketing de Facebook, podrá dirigirse a grupos demográficos particulares y a los tipos de personas que estarían interesadas en los productos que tiene que vender. Todo lo que necesita es pasar un tiempo aprendiendo cómo usar anuncios, crear un presupuesto y luego estará listo para comenzar. Desea publicar anuncios tanto como pueda, ya que es una de las formas más seguras de aumentar su tráfico. No solo mejorará su tráfico con anuncios pagados, sino que también será de mayor calidad ya que los sistemas de publicidad están orientados a ello.

Esto aumenta la posibilidad de obtener seguidores que visiten repetidamente su sitio web.

Tráfico Gratis versus Pago

El tráfico gratis puede ser excelente ya que, después de todo, es gratis, pero el hecho es que la mayoría del tiempo el tráfico gratuito será de menor calidad que el tráfico pagado. ¿Por qué es esto? Porque el tráfico gratis no está dirigido. Hay muchas cosas que pueden llevar a una persona a visitar su sitio web, y si no hicieron clic en un anuncio ultra-orientado destinado a llegar solo frente a un grupo específico de personas, existe la posibilidad de que el tráfico sea de baja calidad .

Por otro lado, los anuncios dirigidos solo atraen a la más alta calidad de lectores, ya que ha trabajado para crear anuncios que les interesarían ver más contenido. Este no es siempre el caso, ya que puede terminar teniendo algunos clientes potenciales de baja calidad que se escapan, pero en su mayor parte, el tráfico pagado está más enfocado que el gratis.

Sin embargo, a medida que desarrolle sus estrategias de marketing, es posible que se enfoque en más y más métodos para generar tráfico gratis. El atractivo de lo gratuito es muy importante, después de todo, si no paga por el tráfico y obtiene algunas conversiones, básicamente obtiene dinero gratis, ¿verdad? Si bien eso puede ser cierto, no se deje engañar. Los métodos pagados para generar tráfico son mucho más eficientes que los métodos gratuitos. ¿Por qué es esto? Porque con los sistemas publicitarios solo estás pagando por los resultados. Solo paga cuando alguien hace clic en el enlace que lleva a su sitio web. Tiene métricas con publicidad paga, la capacidad de ver qué tan bien están funcionando las campañas. Con publicidad gratuita, no tiene tales métricas. Simplemente publica contenido, crea el SEO y espera lo mejor. Con el tiempo, podrá analizar de dónde proviene su tráfico y ver qué métodos están funcionando, pero hay una gran cantidad de conjeturas involucradas.

Al final del día, el tráfico gratis es útil, pero no puede confiar en él para hacer el trabajo pesado. Cualquier empresa requiere una inversión financiera. Cuando eres nuevo, las oportunidades para el tráfico gratis serán pocas y muy intermedias. Deberá pagar para atraer tanto tráfico nuevo como pueda permitirse. Esto ayudará a aumentar su seguimiento inicial al principio y, en última instancia, conducirá a mayores niveles de ventas. No confíes únicamente en el tráfico gratis. Simplemente no tiene el mismo poder que la publicidad paga. Sí, cuesta más, pero generará más ingresos.

Seguimiento del Éxito y Refinación de Campañas

A medida que ejecuta campañas publicitarias, verá resultados variables, dependiendo de los tipos de anuncios que ejecutó, qué tan grande era el presupuesto, el público objetivo, etc. Una de las características más útiles de los sistemas modernos de publicidad en línea como Facebook es la capacidad para refinar sus campañas a medida que avanza. Cada vez que ejecuta una campaña publicitaria, aprenderá una gran cantidad de información valiosa. Podrá analizar su tasa de conversión y ver cuánto cuesta convertir a cada cliente.

Al principio, es posible que sus campañas publicitarias no sean muy eficientes. O el costo de adquisición de clientes es demasiado alto, o simplemente no ve ninguna conversión. ¡No te desanimes! Cuanto más publique anuncios, más podrá refinar sus campañas y mejorar su orientación. Trate cada anuncio publicado como un experimento. Si una ejecución falla o no proporciona los resultados que estaba buscando, tenga en cuenta esos datos y realice los cambios. Realice algunos ajustes a la vez, hasta que finalmente pueda determinar qué no funciona correctamente. Puede descubrir que todo lo que necesita hacer para arreglar una publicación de anuncios es obtener una mejor imagen para su anuncio.

Las métricas y el análisis de datos son vitales para ejecutar campañas publicitarias adecuadas. Y solo puede obtener esas métricas ejecutando campañas. No intente hacerlo perfecto directamente desde el comienzo. En cambio, adopte una actitud de constante refinamiento. Refine, refine, refine, hasta que finalmente pueda producir anuncios de alto funcionamiento que produzcan muy buenos resultados. Esto puede ser costoso al principio, pero en realidad es solo el precio de hacer negocios. Una vez que pueda encontrar ese punto óptimo en sus anuncios, podrá generar muchos más ingresos de los que perdió.

Comenzando su Primera Campaña

Ejecutar su primera campaña publicitaria puede ser un poco intimidante, ¡pero no se preocupe! El objetivo es aprender cómo maximizar los resultados a través de pruebas repetidas. En lugar de intentar conseguirlo perfectamente la primera vez, solo concéntrate en aprender los fundamentos. Dedique todo el tiempo que pueda a leer sobre las mejores formas de mejorar la copia de su anuncio, qué imágenes funcionan mejor para los anuncios y qué sistemas de anuncios desea utilizar. Luego, coloque una pequeña cantidad de dinero, solo para una prueba de funcionamiento. No desea gastar unos cientos de dólares en un anuncio que no se va a convertir. En cambio, apunte primero a pequeño, vea si puede obtener algunos resultados con solo unos pocos dólares, tal vez 5 o 10, y luego ajuste a medida que avanza. Si observa que su anuncio funciona bien, ¡felicidades! Todo lo que necesitas hacer es ampliar, y estarás bien. Pero si encuentra que su anuncio no está funcionando tan bien, solo continúe ajustándolo hasta que lo haga. Es mejor gastar $ 100 en 10 anuncios publicitarios que gastar $ 100 en un anuncio único al principio. Simplemente realice un seguimiento de los resultados y realice cambios cada vez, hasta que obtenga exactamente lo que está buscando.

Utilice la Segmentación de Anuncios

A veces, un cliente mira su anuncio, visita su sitio y luego mira, mira lo que tiene que ofrecer sin realizar una compra. Esto es lamentable, pero es de esperar. La mayor parte de su tráfico no se convertirá inicialmente. Hay muchas razones por las que no lo hacen. La primera podría ser que simplemente se distrajeron. Algo más captó su atención y abandonaron su sitio, prometiendo que volverían y lo echarían un vistazo más tarde. A veces simplemente no tenían los fondos para realizar la compra.

Si estos son los casos, ¡entonces no todo está perdido! Con la ayuda de sitios web como Facebook, en realidad puede reorientar a estas personas y continuar promocionándolas. Como ya se han comprometido con su sitio web la primera vez, significa que ya están abiertos a lo que está ofreciendo. Todo lo que necesita hacer es ejecutar un anuncio de reorientación y esperar ver algún tipo de acción en su nombre.

Reorientar simplemente requiere que tenga un píxel de Facebook instalado en su sitio web. Este píxel es una cookie que rastreará el comportamiento del consumidor. Podrá saber si se han convertido o no, así como supervisar las otras respuestas que recibieron. Una vez que abandonen la página de Facebook, podrá crear una audiencia usando ese píxel, reorientando a las personas que visitaron pero no se convirtieron.

Configurar un píxel no es difícil, ya que Facebook los ofrece de forma gratuita. Todo lo que necesita hacer es instalar una aplicación adecuada en su WordPress u otro sistema de administración de contenido, y Facebook comenzará a monitorear automáticamente el tráfico de aquellos que ingresan desde sus anuncios. Esto le permitirá no solo crear anuncios de reorientación, sino también crear audiencias similares, ampliando su mercado objetivo.

¿Vale la pena reorientar? ¡Absolutamente! Como dijimos antes, hay muchas razones por las que alguien optaría por no realizar una compra de inmediato. Si no tienen los fondos o el tiempo para investigar el producto en este momento, podrían tener esa disponibilidad más adelante. Todo lo que necesitan es un simple recordatorio. Si no interactúan con su anuncio reorientado, sabe que no podrá volver a convertirlos. Sin embargo, si interactúan con su anuncio, en realidad aumenta significativamente sus posibilidades de realizar una compra. ¡Reorientar es el mejor amigo de un vendedor!

Prueba

1. ¿Qué tráfico es mejor para cuando empiezas?
   a. Tráfico pago
   b. Tráfico gratis
   c. Tráfico de redes sociales
   d. Tráfico de referencias

2. ¿Cuál es la mejor práctica para el marketing en foros?
   a. Crea una firma con enlaces a tu contenido
   b. Intenta vender todo lo que puedas a cualquiera que escuche
   c. Concéntrarse en responder preguntas y brindar asistencia a otros
   d. Tanto A como C

3. ¿Qué significa SEO?
   a. Posicionamiento en buscadores
   b. Venta, expansión y organización
   c. Solo empresarios serios
   d. Buscador en línea

4. Debe ejecutar su primer anuncio exactamente bien
    a. Verdadero
    b. Falso
5. ¿Qué es la reorientación publicitaria?
    a. Orientar a las personas que ya visitaron su sitio web con anuncios
    b. Refinar el proceso de anuncios para que funcione mejor
    c. Tanto A como B
    d. Gastar menos en anuncios a través de mejores prácticas de SEO.

Conclusión

El marketing de afiliación tiene un potencial tremendo, prácticamente ilimitado, siempre que esté dispuesto a dedicar tiempo y esfuerzo. Este no es un esquema rápido para hacerse rico, sino que es un método probado y comprobado para obtener ingresos en línea. Todo lo que necesitas hacer es mantenerte comprometido, encontrar un buen nicho y pasar todo el tiempo que puedas creando tanto contenido bueno como experiencias de clientes. ¡Mientras sigas así, ganarás mucho dinero en línea! ¡Buena suerte!

Respuestas de las Pruebas

A continuación, se muestra la clave de respuestas a las secciones de pruebas en el libro. Las respuestas correctas están en negrita.

<u>Capítulo 1:</u>

1. El nombre de la empresa que realmente vende el producto se llama:
   a. Editor
   b. Anunciante
   c. Vendedor
   d. Detallista

2. El marketing de afiliación tiene un costo inicial enorme
   a. Verdadero
   b. Falso (¡La mayoría de las veces, puede comenzar un esfuerzo de marketing de afiliación con un presupuesto reducido!)

3. ¿Cuál es el papel del editor en el marketing de afiliación?

a. Compra el producto

b. Crear enlaces a productos con la esperanza de ver una venta.

c. Comprar un producto y luego revenderlo en su propio sitio web

4. Un editor recauda una comisión cuando

a. El cliente participa en una acción específica (comprar o hacer clic en un enlace)

b. El cliente visita el sitio web del editor.

c. El cliente comparte el contenido del editor.

Capítulo 2:

1. ¿Qué es el marketing de afiliación de ticket alto?

a. Venta de productos caros

b. Recolectar grandes comisiones

c. Tanto A como B

d. Generando una gran cantidad de tráfico

2. Los clientes son más reacios a realizar compras de alto costo.

a. Verdadero

b. Falso

3. No puedes ganar dinero vendiendo artículos de bajo precio
   a. Verdadero
   b. **Falso (absolutamente puede ganar dinero vendiendo artículos de bajo precio, solo necesita concentrarse más en el volumen.)**

Capítulo 3:

1. Un sitio web no es necesario para un marketing de afiliación exitoso
   a. Verdadero
   b. **Falso (aunque técnicamente es posible, no hay ninguna razón para que comiences el marketing de afiliación sin un sitio web.)**
2. Los programas de afiliados a menudo buscan
   a. Tráfico web
   b. Resultados de ventas
   c. Credibilidad
   d. **Todas las anteriores**
3. ¿Qué es lo más necesario para tener éxito en el marketing de afiliación?

a. **Una actitud profesional (¡Recuerde, la única forma real de ganar dinero en este negocio es tratarlo exactamente como un negocio! ¡Los esfuerzos a medias no lo llevarán a ninguna parte!)**

b. Un buen sitio web

c. Tráfico

d. Todas las anteriores

Capítulo 5:

1. Al comenzar, automáticamente califico para la mejor tarifa de comisión

   a. Verdadero

   b. **Falso (al comenzar, no tiene un historial establecido, por lo que, desafortunadamente, tendrá que aceptar tasas de comisión inferiores a las estelares.)**

2. ¿Qué cualidades tiene un buen anunciante?

   a. Buenos productos

   b. Sitios web bien diseñados

   c. Precios bajos

d. Tanto A como B

3. ¿Cómo puede determinar si un programa de afiliados es confiable?

    a. Revisa su propio sitio web

    b. Mira las revisiones de terceros (¡Cerciórese siempre de asegurarse de que la revisión de terceros no reciba algún tipo de soborno por las recomendaciones, de lo contrario, sus presentaciones podrían verse comprometidas!)

    c. Confía en su instinto

    d. Solo lo prueba y ve si funciona

Capítulo 6:

1. ¿Cuáles son los tres tipos principales de contenido?

    a. Educación, inspiración y entretenimiento.

    b. Infografías, videos y publicaciones de blog

    c. Facebook, Instagram, y Twitter

d. Educación, entretenimiento e información

2. La consistencia no es importante cuando se trata de la programación de contenido

   a. Verdadero

   b. Falso

3. Si no eres bueno escribiendo, deberías

   a. Rendirte

   b. Contrata a un escritor (Contratar a un escritor puede ser barato y fácil. ¡Espero que no consideres las otras dos opciones!)

   c. Roba otro contenido y vuelve a empaquetarlo como propio

   d. Tanto A como C

4. ¿Por qué es tan importante el contenido?

   a. Dirige el tráfico a su sitio web

   b. Establece autoridad en un nicho

   c. Tiene el potencial de generar ventas.

   d. Todas las anteriores

Capítulo 7:

1. Las redes sociales son mejores para

153

a. Crear relaciones con fans y seguidores

b. Venta de productos constantemente

c. Compartiendo Contenido

d. Tanto A como C

2. La mejor plataforma para usar es

a. Facebook

b. Twitter

c. Snapchat

d. La plataforma que más utiliza su grupo demográfico objetivo

3. La gente quiere que les vendan cuando usa las redes sociales

a. Verdadero

b. Falso (Recuerde, las personas están constantemente inundadas de esfuerzos de marketing. Lo último que quieren tratar cuando usan las redes sociales son los argumentos de venta)

Capítulo 8:

1. ¿Qué importancia tienen los análisis para su negocio?

a. **Extremadamente importante (si no realiza un seguimiento de su rendimiento, ¿cómo sabrá si alguna vez lo está haciendo mejor? ¡Priorice los análisis y procure monitorearlos cada semana!)**

b. Moderadamente importante

c. Algo importante

d. Nada importante

2. La exageración está perfectamente bien cuando se trata de marketing

a. Verdadero

b. Falso

3. Síndrome de Objeto Brillante significa

a. Constantemente distraído por nuevas ideas

b. Querer ganar más dinero en línea

c. Fascinación por los espejos.

d. Aprender nuevos métodos de marketing.

4. La mejor manera de trabajar como vendedor afiliado es solo

a. Verdadero

b. Falso

Capítulo 9:

1. ¿Cuál es el mejor tema para un nicho?

    a. Lo que sea que se venda

    b. Una pasión, interés o pasatiempo que amas

    c. Equipo de pesca

    d. Todas las anteriores

2. ¿Por qué es importante la pasión a la hora de elegir un nicho?

    a. Disfrutarás genuinamente de lo que estás haciendo

    b. Comprenderá más sobre los productos que está vendiendo.

    c. Tendrá un mejor nivel de comunicación con los clientes.

    d. Todas las anteriores

3. Un mercado desatendido significa

    a. No hay una gran cantidad de opciones para los consumidores en ese nicho

b. Hay un bajo nivel de competencia en el campo.

c. **Tanto A como B**

d. Hay demasiada competencia para entrar

4. Las personas compran productos porque tienen un problema que necesitan resolver

    a. **Cierto (recuerde, al final del día, todos los productos son métodos para resolver problemas. Incluso el entretenimiento resuelve el problema del aburrimiento).**

    b. Falso

Capítulo 10:

1. ¿Qué hace que una lista de correo electrónico sea tan importante?

    a. **Puedes comercializar directamente a los consumidores**

    b. Los correos electrónicos recopilados se pueden vender por efectivo

    c. A los consumidores les encanta inscribirse en cosas

d. Tanto B como C

2. ¿Con qué frecuencia debe solicitar directamente los correos electrónicos de los visitantes?

   a. Solo una vez (si presiona demasiado, corre el riesgo de alejarlos para siempre. En cambio, pregúnteles directamente una vez a través de una ventana emergente y luego deje que encuentren su página más adelante).

   b. Tan a menudo como puedas,

   c. Tres o cuatro veces

   d. Nunca

3. ¿Qué es un imán de Lead?

   a. Un producto o servicio que los consumidores obtienen a cambio de sus correos electrónicos

   b. Un tipo de publicación de Facebook

   c. Un producto físico que se vende en su sitio web.

   d. Ninguno de las anteriores

4. ¿Qué tipo de correos electrónicos deben enviarse a los clientes?

   a. Boletines informativos

b. Promociones de producto

c. Promociones de contenido

d. Todas las anteriores

5. A los clientes no les importa si reciben spam

   a. Verdadero

   b. Falso (no solo hay muchas leyes que regulan el spam, sino que la mayoría de las personas también tienen la capacidad de darse de baja de los correos electrónicos con un solo clic de un botón. ¡No los tiente a usar esa opción en sus correos electrónicos!)

Capítulo 11:

1. ¿Qué es un mapa de calor?

   a. Una representación visual de los clics y la atención de su sitio web.

   b. Un mapa de temperaturas en los Estados Unidos

   c. Un tipo de táctica de marketing

   d. Una campaña de publicidad

2. ¿Cuál es la parte más importante de una buena página de destino?

a. Buena copia del anuncio

b. Una imagen de alta calidad del producto.

c. Tanto A como B

d. Tiempos de carga rápidos (Tiempos de carga rápidos (si bien los otros dos son importantes, los tiempos de carga rápidos ocupan el primer lugar. Simplemente no puede permitirse perder el 40% de su tráfico debido a los tiempos de carga lento).

3. Cualquier tráfico es buen tráfico

a. Verdadero

b. Falso

4. ¿Qué hace que un visitante sea de alta calidad?

a. Son parte de su objetivo demográfico

b. Vinieron de una referencia de redes sociales

c. Ellos compran indiscriminadamente productos con poca investigación

d. Todas las anteriores

Capítulo 12:

1. ¿Cuándo es el mejor momento para comenzar un segundo sitio web?

   a. Inmediatamente después de hacer el primero.

   b. Una vez que comience a ver ganancias de su primera (no desea saltar demasiado rápido a un segundo sitio web, pero una vez que vea ganancias, debe comenzar a tomar medidas para crear una nueva).

   c. Nunca

   d. Después de unos años

2. ¿Qué hace que la diversificación sea tan necesaria para el marketing de afiliación?

   a. Los gustos del mercado pueden cambiar en cualquier momento, disminuyendo sus ventas.

   b. Las compañías afiliadas quieren ver un editor con múltiples sitios web

   c. Los ingresos pueden potencialmente duplicarse agregando más sitios a su cartera

d. Tanto A como C

3. ¿Cuánto beneficio debería reinvertir en su negocio al principio?

   a. Todo ello

   b. La mitad (Esta es simplemente la mejor manera de expandir rápidamente su negocio. Menos y no podrá escalar tan rápido. Más y corre el riesgo de perder su inversión total, lo que puede hacer que sus esfuerzos para ganar dinero en línea no sean más que un largo juego de ruleta.)

   c. 10%

   d. Nada

4. Cuando ha hecho un trato con un anunciante, no hay forma de cambiar los términos más adelante.

   a. Verdadero

   b. Falso (siempre puede intentar aumentar sus comisiones, especialmente si tiene un alto ingreso)

5. ¿Qué hace a una buena marca?

   a. Colores reconocibles

b. Un buen logo

c. Consistencia en el tono

d. Todas las anteriores

Capítulo 13:

1. ¿Qué tráfico es mejor para cuando empiezas?

   a. Tráfico pago

   b. Tráfico gratis

   c. Tráfico de redes sociales

   d. Tráfico de referencia

2. ¿Cuál es la mejor práctica para el marketing en foros?

   a. Crea una firma con enlaces a tu contenido

   b. Intenta vender todo lo que puedas a cualquiera que escuche

   c. Concéntrese en responder preguntas y brindar asistencia a otros

   d. Tanto A como C

3. ¿Qué significa SEO?

   a. Posicionamiento en buscadores

   b. Venta, expansión y organización

   c. Solo empresarios serios

   d. Buscador en línea

4. Debe ejecutar su primer anuncio exactamente bien

    a. Verdadero

    b. Falso (Recuerde, puede intentarlo de nuevo hasta que finalmente tenga un buen anuncio refinado. No se presione demasiado para hacerlo bien la primera vez).

5. ¿Qué es la reorientación publicitaria?

    a. Orientar a las personas que ya visitaron su sitio web con anuncios

    b. Refinar el proceso de anuncios para que funcione mejor

    c. Tanto A como B

    d. Gastar menos en anuncios a través de mejores prácticas de SEO.